Nicolas Lefebvre

Les services de renseignement européens face au terrorisme

Nicolas Lefebvre

Les services de renseignement européens face au terrorisme

Coopération ou cloisonnement?

Presses Académiques Francophones

Impressum / Mentions légales

Bibliografische Information der Deutschen Nationalbibliothek: Die Deutsche Nationalbibliothek verzeichnet diese Publikation in der Deutschen Nationalbibliografie; detaillierte bibliografische Daten sind im Internet über http://dnb.d-nb.de abrufbar.
Alle in diesem Buch genannten Marken und Produktnamen unterliegen warenzeichen-, marken- oder patentrechtlichem Schutz bzw. sind Warenzeichen oder eingetragene Warenzeichen der jeweiligen Inhaber. Die Wiedergabe von Marken, Produktnamen, Gebrauchsnamen, Handelsnamen, Warenbezeichnungen u.s.w. in diesem Werk berechtigt auch ohne besondere Kennzeichnung nicht zu der Annahme, dass solche Namen im Sinne der Warenzeichen- und Markenschutzgesetzgebung als frei zu betrachten wären und daher von jedermann benutzt werden dürften.

Information bibliographique publiée par la Deutsche Nationalbibliothek: La Deutsche Nationalbibliothek inscrit cette publication à la Deutsche Nationalbibliografie; des données bibliographiques détaillées sont disponibles sur internet à l'adresse http://dnb.d-nb.de.
Toutes marques et noms de produits mentionnés dans ce livre demeurent sous la protection des marques, des marques déposées et des brevets, et sont des marques ou des marques déposées de leurs détenteurs respectifs. L'utilisation des marques, noms de produits, noms communs, noms commerciaux, descriptions de produits, etc, même sans qu'ils soient mentionnés de façon particulière dans ce livre ne signifie en aucune façon que ces noms peuvent être utilisés sans restriction à l'égard de la législation pour la protection des marques et des marques déposées et pourraient donc être utilisés par quiconque.

Coverbild / Photo de couverture: www.ingimage.com

Verlag / Editeur:
Presses Académiques Francophones
ist ein Imprint der / est une marque déposée de
OmniScriptum GmbH & Co. KG
Heinrich-Böcking-Str. 6-8, 66121 Saarbrücken, Deutschland / Allemagne
Email: info@presses-academiques.com

Herstellung: siehe letzte Seite /
Impression: voir la dernière page
ISBN: 978-3-8416-3213-5

Les Services de renseignement européens face au terrorisme

Coopération ou cloisonnement ?

Nicolas Lefebvre

Septembre 2011

Les Services de renseignement européens face au terrorisme

Coopération ou cloisonnement ?

AVANT PROPOS

Cet ouvrage est une réédition d'un travail de fin d'étude paru en septembre 2011 dans le cadre de l'obtention d'un master en Science Politique à l'Université Catholique de Louvain (LLN-Belgique). Aucun travail d'actualisation ou d'adaptation aux évènements survenus entre 2011 et 2015 n'a été effectué.

Au terme de cette étude, je tiens à remercier les personnes suivantes qui m'ont permis de réaliser ce mémoire :

M. Michel Liégeois, mon promoteur, pour ses conseils avisés lors de la réalisation et de la rédaction de ce document, mais également pour son implication et sa disponibilité.

Mes professeurs de Sciences Po Paris, qui ont aiguisé mon intérêt pour cette matière à travers leur passion commune pour le métier du renseignement qui est le leur.

Mon père, pour la relecture attentive de mon travail ainsi que pour les réflexions et conseils prodigués lors de la rédaction de ce mémoire.

Ma famille, mes proches et tout particulièrement mes « compagnons de mémoire », Gauthier, Marianne et Sarah.

1 INTRODUCTION

Le choix de ce sujet a été motivé par deux facteurs importants. Le premier est académique, le cursus que j'ai suivi s'est rapidement orienté vers la sécurité internationale. Les questions concrètes de menaces sur la sécurité m'ont toujours passionné et l'étude des moyens européens de luttes contre ce phénomène transnational qu'est le terrorisme représente un défi actuel et important comme nous le prouvent les évènements tragiques du 22 juillet 2011 à Oslo. Le second facteur, plus personnel, est lié au décès brutal du père d'une amie lors des attentats de Mumbai en 2008. Ces moments dramatiques ont aiguisé mon intérêt pour ce domaine et pour la compréhension des mécanismes qui étaient mis en œuvre afin de combattre ces actes de violence extrêmes.

L'étude est divisée en deux parties, la première traite de la problématique générale de la coopération entre différentes entités (services de sécurité, États...) et la seconde étudie plus précisément le cas européen. Si des retours dans le passé à vocation illustratifs peuvent être rencontrés, l'objet de cette étude sera délimité par le 11 septembre 2001 et la période de la fin de ce travail, c'est-à-dire l'été 2011. Cette période commence avec l'attentat le plus meurtrier et le plus spectaculaire que l'histoire de l'humanité ait connu. Cet évènement aura des implications planétaires et durables au niveau des structures et des théories sécuritaires. Dix années plus tard, 2011 compte une victoire non négligeable sur les structures terroristes, l'exécution du leader et fondateur d'Al Qaeda : Oussama Ben Laden. Ces deux évènements symboliques ne sont pas étudiés en tant que tels, mais leurs implications sur les coopérations dans la lutte contre le terrorisme sont bien entendu abordées.

Les questionnements de base étaient nombreux. La question de départ à laquelle il importait le plus de répondre concernait les capacités concrètes, exactes dont disposait l'UE pour combattre collectivement le terrorisme. Ce mémoire décrit ces capacités dans une perspective dynamique à partir d'un instantané initial. Le postulat principal était que si la coopération entre les services/pays n'était pas en passe d'aboutir, c'était dû à des volontés d'isolement des grands pays ne souhaitant pas partager leurs capacités avec certains États.

Au commencement, une certaine appréhension a entouré les premières recherches, les documents relatifs à ce type d'études sont en effet souvent classifiés ou confidentiels. Au fil des travaux, il s'est avéré que si les données en tant que telles sont extrêmement bien gardées, la documentation concernant les différentes coopérations en tant que mécanisme est suffisante et accessible.

Toutefois, une partie non négligeable des connaissances que j'ai pu acquérir sur le sujet sont issues de mes enseignements. À l'UCL pour la partie théorie des relations internationales et théories européennes. À l'IEP de Paris pour la partie pratique. Au cours de mon séjour Erasmus à Paris, la majorité des enseignements que j'avais choisis étaient dispensés par des professionnels du renseignement qui, à travers leurs exposés ou ceux des intervenants qu'ils nous présentaient, nous donnaient une image des réalités de ce milieu. Au niveau des sources écrites, il existe en fait un volume assez intéressant d'études menées sur le sujet.

2 LE RENSEIGNEMENT, UNE PRATIQUE ANCIENNE EN ÉVOLUTION CONTINUE

2.1 DÉFINITIONS

2.1.1 FONCTION DU RENSEIGNEMENT

Au cours d'une entrevue avec des professionnels du renseignement, l'un d'eux confia un jour qu'il exerçait sans doute le « plus vieux métier du monde » car « avant de rejoindre Eve, Adam devait savoir où elle était... ».

En réalité, le renseignement tient une place centrale dans l'aide à la décision pour les dirigeants. En effet : « au cours des siècles, les décideurs prudents — gens d'affaires, militaires, politiques, économistes – ont cherché à se tenir pleinement au courant des moyens et des intentions des personnes ayant des intérêts semblables ou opposés aux leurs. Il est relativement plus facile de s'informer sur ses amis et alliés, et plus difficile de le faire au sujet de ses rivaux. Mais les deux ensembles de renseignements sont nécessaires à la prise de décisions propres à protéger et favoriser au mieux ses propres intérêts ».[1]

En clair, et pour reprendre Auguste Comte, il s'agit de « savoir pour prévoir afin d'agir ».

Ce chapitre décrira les principaux concepts théoriques et concrets qui régissent actuellement le renseignement, sans s'attarder sur son histoire. Il insistera aussi sur la transformation du renseignement qui a dû s'adapter à deux évènements majeurs : la fin du bloc soviétique et le 11 septembre 2001.

Globalement, on peut considérer que le renseignement de l'époque de la guerre froide peut-être considéré comme du renseignement d'espionnage (militaire, scientifique, industriel...) et de, son corollaire, le contre-espionnage. Un bloc étant opposé à l'autre, chacun possédant ses alliés bien définis. Cette configuration était en fait assez simple. L'ennemi était clairement délimité et les objectifs également.

La chute du mur de Berlin bouleverse cet ordre bien établi. Pour beaucoup, cet évènement rend les services de renseignement obsolètes (car les enjeux ont changés mais une majorité des services ne se sont pas adaptés). Durant cette période, plus ou moins longue selon les pays, les énormes services de renseignements et de sécurité mis en place durant la guerre froide se chercheront un nouvel ennemi, une nouvelle raison d'exister. Cette recherche de raisons d'être attisera la critique des détracteurs de ces services de qui proposeront purement et simplement de les supprimer en invoquant les « dividendes de la paix » gagnés suite à la chute du mur de Berlin.

Le début des années nonante verra le développement du terrorisme international. L'émergence de ce phénomène sera graduelle et commence bien plus tôt (Munich 1972, Lockerbie 1988...), mais les types d'attentats qui se produiront dans les années 90 se

---

[1] SEABORN,B. « *Renseignement et politiques : constantes et évolutions* » in Commentaire n° 45, publication du Service Canadien de Renseignement et de Sécurité, juin 1994, www.fsa.ulaval.ca/personnel/vernag

distingueront par leur projection aux centres de capitales des pays de l'occident (Marignane 1994, Paris en 1995) et par leurs dimensions très internationales quant à leurs financements et soutiens divers. Les services de renseignements sont assez naturellement chargés de lutter contre ce nouveau type de terrorisme. Alors que le terrorisme « révolutionnaire » des années quatre-vingts (brigades rouges, CCC, Action Directe...) ou indépendantiste (IRA, ETA...) pouvait être combattu avec des moyens policiers nationaux traditionnels, la lutte contre ces réseaux multidimensionnels et internationaux qui soutiennent et fournissent les terroristes islamiques des années nonante ne peut être opérée efficacement qu'à travers un service de renseignement ou de sécurité ayant des relations avec les services des pays liés à ces groupes terroristes.

La confirmation de ce besoin de requalification de la menace est venue le 11 septembre 2001. Depuis cette date, n'importe quel État sait qu'il est vulnérable face à une menace de ce type et même si la perception du terrorisme n'est pas homogène au sein des pays européens, tous s'accordent pour dire que cet épisode marque le début d'une nouvelle ère pour la lutte antiterroriste dont les services de renseignements et de sécurité sont l'expression concrète, opérationnelle.

La différence terminologique entre service de renseignement et service de sécurité est généralement acceptée comme étant la suivante :

1. **Les services de renseignement** sont des services étatiques, généralement dépendants du ministère de la Défense et dont la mission est la collecte de renseignement (offensive, clandestine) à l'extérieur des frontières du pays. Le SGRS (Service Général de Renseignement de Sécurité) pour la Belgique, la DGSE (Direction Générale de la Sécurité Extérieure) pour la France, ou encore la CIA pour les États-Unis, sont des exemples de service de renseignements. Traditionnellement, ces services n'interviennent donc pas à l'intérieur des frontières de leur propre pays et se chargent des missions d'espionnage industriel ou militaire ainsi que des affaires de contre-espionnage à l'étranger (principalement dans les ambassades).

2. **Les services de sécurité** dont le champ d'action se situe à l'intérieur du pays. Ils sont en général sous la tutelle de leur ministère de l'intérieur et sont traditionnellement assez proches des forces de police ou de gendarmerie. Leur mission est de lutter contre les ingérences provenant de l'étranger ou de l'intérieur qui pourraient nuire aux intérêts nationaux. En ce sens, ce sont les services de sécurité qui traitent les affaires de contre-espionnage et de terrorisme national de type indépendantiste (IRA, ETA...) ou idéologique (CCC, Action Directe, RAF...). Les exemples de ces services de sécurité sont la Sureté de l'État en Belgique, la DCRI (Direction Centrale du Renseignement Intérieur) pour la France[2] et la NSA (National Security Agency) ou le FBI aux États-Unis.

---

[2] Avant 2008, les services de sécurité français étaient composés de la DST (Direction de la Surveillance du Territoire) et des RG (Renseignements Généraux)

Avec l'apparition du terrorisme transnational, cette classification a rapidement montré ses limites face à ce nouvel enjeu. En effet, pour prendre l'exemple de la France, quel service doit s'occuper d'un groupe comme Al Qaeda qui a ses bases à l'étranger, profite d'un financement d'un autre pays, mais qui vient frapper en France en employant des individus français ? La DST ou les RG ou bien la DGSE ?

En fait, et selon la classification de l'époque, les trois services se révèlent être compétents. Les réformes du renseignement que ces deux phénomènes ont induites ont permis de refocaliser les services sur les nouvelles menaces. La coopération entre les services de renseignement et de sécurité est maintenant bien aboutie en termes de lutte, c'est pour cela que le terme « services de renseignements » sera le seul utilisé dans cette étude.

a. Des conceptions traditionnelles à une approche élargie de la sécurité

L'évolution évoquée supra s'inscrit dans un changement plus global en termes de conception de la sécurité. La conception sécuritaire traditionnelle exclusivement stato centrée et définie principalement en termes militaires perd peu à peu de son sens avec la disparition de la structure qui en est à l'origine. Actuellement, la sécurité ne se conçoit plus en termes d'invasions potentielles à grande échelle, ni même en conflit armé ouvert entre pays développés. Les deux évènements cités plus haut (chute du mur de Berlin et 11 septembre 2001) sont également des tournants importants pour les théories des relations internationales. Ces deux évènements ponctuels doivent toutefois être inclus dans un contexte économique et institutionnel dont l'évolution influence beaucoup plus la discipline des relations internationales. Cependant, le 11 septembre a remis en question la prédominance des explications réalistes basées sur l'État stricto sensu traitant donc uniquement des dimensions militaires et de sécurité nationale.

À partir du début des années nonante, de nouvelles théories des relations internationales sont élaborées à la lumière de ces nouveaux développements. Il existe plusieurs nouvelles théories de la sécurité :

L'une d'entre elles est la conception de sécurité élargie, proposée par B.Buzan, O. Waever et J. De Wilde. La nouvelle conception, basée sur des théories constructivistes, proposée par cette École de Copenhague trouve ses racines dans un premier ouvrage écrit en 1983 Peoples, States & Fears : The National Security Problem in International Relations. Depuis, la théorie a été redéveloppée et remise à jour dans de nombreux ouvrages.

Le postulat de base de cette conception est, comme le nom l'indique, qu'il faut élargir le champ d'études à des variables influençant la conduite des relations internationales afin de les appréhender de manière complète. Ces théoriciens n'acceptent donc pas le postulat stato-centré des théories traditionnelles.

En « Distinguant cinq domaines sécuritaires : le militaire, le politique, l'économique, le sociétal et l'environnemental, l'École de Copenhague nous a invités à abandonner la vision étriquée de la sécurité offerte par les études de sécurité traditionnelles »[3]. En étudiant les relations internationales à travers ces nouvelles variables, les chercheurs de l'École de Copenhague déduiront une série de nouvelles idées telles que le complexe de sécurité, la conception élargie de sécurité, la sécurité sociétale et le concept de sécurisation.

Ces nouvelles conceptions présentent donc une image plus nuancée et impliquant plus d'acteurs. Elles sont donc d'une utilité certaine pour la compréhension des différents mécanismes sous-tendant les causes du terrorisme. La montée des radicalismes, les justifications avancées par les idéologues du fondamentalisme religieux ou autres... Ces considérations peuvent être étudiées à travers les concepts de sécurité élargie et de sécurité sociétale.

Le concept de complexe de sécurité est particulièrement intéressant dans le cas d'une part de l'étude des évolutions des groupes terroristes, et d'autre part concernant l'étude des réactions collectives des États qui peut être vue comme un facteur influençant la coopération en matière de lutte antiterroriste. Le complexe de sécurité est défini comme : « un sous-système de sécurité basé sur la distinction ami/ennemi. Il repose sur les craintes partagées par un groupe d'États et explique que la sécurité d'un État ne peut être conçue indépendamment de celle de ses voisins. Le facteur principal qui détermine l'existence d'un complexe de sécurité est l'existence d'un sentiment collectif par rapport à une menace relativement bien identifiée. Ce concept a été appliqué notamment aux régions d'Amérique du Sud, d'Afrique australe, du Moyen-Orient, du sous-continent indien, de l'Afrique des Grands Lacs »4

Ce concept peut donc être appliqué à la conception européenne de la relative globalisation de la menace comme nous le verrons dans la partie consacrée à l'étude de la coopération entre les services de renseignements européens.

2.1.2 LES DÉFINITIONS TYPES DU RENSEIGNEMENT

a. Information VS Renseignement

Il apparait que la première distinction à effectuer est celle à faire entre une information et un renseignement. Une information est une donnée brute, parfois codée ou dans une langue rare. Il peut aussi s'agir d'éléments techniques (informatique, imagerie...) ou scientifiques. L'information se transforme en renseignement lors de son décryptage, son analyse et sa mise en forme afin de la rendre compréhensible et utilisable.

---

[3] Alex Macleod, « Les approches critiques de la sécurité », *Cultures & Conflits* Approches critiques de la sécurité, mis en ligne le 08 janvier 2010.
http://conflits.revues.org/index1525.html
[4] B.Delcourt « Cours sur les Théories de la sécurité » Année académique 2006-2007.
http://www.ulb.ac.be/students/bespo/documents/Cours/THEORIES_DE_LA%20SECURITE_pdf.

Le renseignement est donc directement utilisable par les décideurs et est le résultat d'un travail plus ou moins important sur l'information. Afin de confirmer la véracité du renseignement qui servira à la prise de décision du décideur, celui-ci est souvent basé sur plusieurs informations se recoupant.

Le comité R suggère la définition suivante : « *L'information est un élément de connaissance susceptible d'être codé pour être conservé, traité ou communiqué ; le renseignement est un ensemble des connaissances de tous ordres sur un adversaire potentiel, utile aux pouvoirs publics et au commandement militaire. En d'autres termes, le renseignement est une information traitée, analysée et diffusée à qui de droit.* »[5] Le renseignement peut donc également être basé sur des sources ouvertes d'informations, comme les médias ou les messages officiels.

L'analyse de ces informations est effectuée avec des moyens humains, soutenue par des capacités techniques.

À « l'âge de l'information » dans lequel nous nous trouvons, il n'existe pas de pénurie d'information. Le défi réside précisément dans le tri à effectuer dans cette masse qu'il serait illusoire de vouloir entièrement analyser.

De manière assez visionnaire, Goethe décrivait cette situation de la manière suivante : « *C'est du volume de données dont elle dispose que notre époque tire un sentiment immérité de sa supériorité alors que le véritable critère porte sur le degré auquel l'homme sait pétrir et maîtriser les informations dont il dispose* ».[6]

b. Niveau de renseignement

Il existe différentes classifications possibles. La distinction officielle de l'OTAN sera utilisée ici.

Le renseignement peut être classé en trois niveaux, selon l'utilisation qui doit en être faite :

• *Renseignement stratégique*

« *Aux niveaux national ou international, renseignement nécessaire à la formulation de la politique, à la planification militaire et à la fourniture d'indices et d'indicateurs d'alerte.* »[7]

Ce niveau de renseignement a donc une base et une portée très large. Il est basé sur de multiples sources, traite de thématiques élargies (dans le temps et dans l'espace). Ce renseignement tente de reconstituer une vue assez générale d'un environnement et comprend donc des éléments politiques, militaires, sociologiques, financiers...

---

[5] Comité permanent de contrôle des services de renseignement belge, Rapport d'activité, 1997.
[6] Goethe, cité par Georges Elgozy dans *Le désordinateur — le péril informatique*, Paris, Calman-Levy, 1972 (p.27).
[7] Document OTAN AAP-006 (2010).

Selon J.Baud, en matière de lutte contre le terrorisme, le renseignement stratégique comprend, l'identification des *points de ruptures-qui* déterminent le moment ou un mouvement est prêt à passer de l'action politique à l'action violente, *des Centres de gravité* — au sens clausewitzien du terme, qui permettent donc de déterminer les points vulnérables du mouvement terroriste — ; de sa *Stratégie* – ce qui permettra de définir une stratégie efficace de lutte contre ce groupe.[8]

• *Renseignement opérationnel*

« *Renseignement nécessaire à la planification et à la conduite de campagnes au niveau opératif.* »[9]

Ce type de renseignement vise donc un niveau plus restreint, mais plus précis. Il est plus assimilable au renseignement de défense. Basé uniquement sur des faits précis et concis, il est donc quasi directement relié à la source et est donc très sensible comme l'explique J.Ruter

« *Selon la définition d'un document du Conseil, le Renseignement opérationnel signifie "Renseignement brut" qui peuvent être par exemple des rapports de débriefing d'agent (renseignement humain — HUMINT) ou des transcriptions analysées d'interception de communication (SIGINT) obtenue par des opérations particulières ou des activités semblables. La diffusion de ce type de document est donc restreinte et les niveaux de classification sont les plus élevés. Ce type de renseignement orienté sur un cas précis est principalement échangé afin d'approfondir la collecte de renseignement ou à des fins de neutralisation d'activités hostiles, comme des actes terroristes* »[10].

C'est sur ce niveau de renseignement que porte ce travail. Les renseignements stratégiques comportant en effet moins d'enjeux sécuritaires, mais surtout moins d'implications immédiates et donc d'une utilité moins directe en terme de lutte contre le terrorisme.

2.1.3 LES DIFFÉRENTES SOURCES DE RENSEIGNEMENTS

Deux principes importants sont à souligner ici.

Tout d'abord, comme dans chaque travail de recherche sérieux, mais aussi au vu des implications politiques potentielles que ces informations peuvent engendrer, une fois compilées et analysées, il est nécessaire que chaque renseignement soit recoupé, reconfirmé par une source indépendante.

---

[8] J.BAUD, « Le renseignement et la lutte contre le terrorisme, stratégies et perspectives internationales » Lavauzelle, 2005
[9] Doc OTAN AAP-006 (2010)
[10] Traduction de J.Rüter « European External Intelligence Co-operation, Structures, Problems, Implications and Perspective » 2007.

Avec la privatisation des banques de données, parfois confidentielles et à diffusion restreinte aux organismes gouvernementaux, par exemple le site *www.intelcenter.com,* ce principe de vérification croisée pose un problème, car l'accès aux sources n'est pas possible, selon la règle du tiers sur laquelle nous reviendrons par après. En voulant effectuer un recoupement de données, il est donc possible que cette donnée soit recoupée avec la donnée issue de sa source d'origine, c'est-à-dire avec... elle-même... Ce qui rend la manœuvre tout à fait inutile.

De plus, comme cela a été évoqué ci-dessus, l'information ne devient un renseignement valable et utilisable qu'après analyse. L'analyse de ces informations requiert toujours une intervention humaine à un moment ou un autre. L'erreur à ne pas commettre est de miser sur une collecte de renseignement « tout-technologique » qui conduira inéluctablement à une analyse non précise des informations ; une perte au niveau des réseaux de renseignement humain et un risque de surabondance d'information, qui rendra leur analyse impossible. L'assemblée de l'UEO dans une de ses publications : *« le renseignement d'origine humaine et la capacité humaine d'interprétation des informations restent la base du renseignement et doivent être privilégiés. Il ne suffit pas de disposer des moyens techniques de recueil de renseignements, il faut savoir interpréter les données recueillies »*[11]

Les services de renseignement et de sécurité américains en ont fait la douloureuse expérience. Après la guerre froide, ces derniers ont décidé de tout miser sur la technologie invoquant, entre autres, les risques pris par les opérateurs humains. Cette tendance les a amenés à laisser se déliter progressivement les différents réseaux humains qu'ils avaient pu construire de par le monde et cette attitude a, selon certains, engendré des conséquences dramatiques, comme le souligne la commission parlementaire d'enquête US sur le 11 septembre 2001 :

« (...) Avant le 11 septembre, la Communauté du Renseignement US n'a pas vraiment développé et utilisé de ressources humaines pour infiltrer le noyau dur d'Al-Qaeda. Cette absence de ressources humaines fiables et bien informées a limité la capacité de la Communauté du Renseignement à se procurer des renseignements sur lesquels agir éventuellement avant les attaques du 11 septembre. »[12]

En définitive, l'outil technologique est d'une aide importante, mais doit toujours être considéré comme une aide au travail humain et non comme une alternative exclusive.

Les différentes sources de renseignement peuvent être divisées en deux groupes, distingués par l'origine du renseignement (et non par son moyen de collecte).

---

[11] Assemblée de l'UEO, *« Renseignement européen : les nouveaux défis-Réponse au rapport annuel du conseil »,* rapport présenté au nom de la commission de défense par M.Lemoine, Document A/1775, 4 juin 2002, 48eme session.
[12] Rapport de la commission parlementaire d'enquête sur les attentats du 11 septembre. Traduction disponible dans Le Monde du 26 juillet 2003.

a. Le renseignement d'origine humaine

Le renseignement d'origine humaine comprend deux sources principales :

• Le renseignement humain (HUMINT)

Désigné par l'acronyme HUMINT pour HUMan INTelligence il fait référence aux informations obtenues par des moyens humains. Il existe une multitude de moyens humains pour acquérir de l'information, cela va des rapports diplomatiques confidentiels aux images ou informations recueillies par un groupement de reconnaissance ou de forces spéciales en passant par les données transmises par un espion, un agent infiltré ou encore une source.

Au vu de la difficulté d'infiltrer des groupes terroristes, une partie importante des informations d'origine humaine en lutte antiterroriste l'est à travers des sources. Les sources sont des individus considérés comme proche du groupe ou de l'entité à surveiller et qui, volontairement ou non, transmettront des informations aux services de renseignement qui les a pris en charge à travers son officier traitant.

La notion de source est réellement au cœur de l'HUMINT et le risque moral et physique qu'elles encourent a engendré une tradition de protection inconditionnelle de leurs sources par les services. Ce régime de protection se révèle parfois incompatible avec les dispositions légales et judiciaires en vigueur. Une des règles principales et très anciennes de protections des sources est connue comme étant la « *règle du tiers* » qui constitue le fondement de la collaboration entre les services. À titre d'exemple l'article 5§1 qui régit la procédure d'échange de renseignements au sein du Club de Berne[13] stipule que « *les renseignements qui sont échangés au sein du Club ne peuvent être adressés à une instance étrangère au Club, ni être utilisées à une autre fin que celle contenue dans l'information sans l'accord formel du service qui en est à l'origine »*[14]

Cette règle du tiers (et dans le cas de la disposition du Club de Berne, règle du service tiers), bien que nécessaire, représente, comme nous le verrons plus loin, un obstacle important en ce qui concerne la coopération entre les services européens.

• Open Source Intelligence (OSINT)

Le concept d'OSINT nait en 1988 quand Robert D. Steele, fonctionnaire civil et informaticien reconnu aux États-Unis, est mandaté pour mettre sur place l'US Marine Corps Intelligence Center avec un budget de 20 millions $. Plus tard, il se rend compte que son système informatique sophistiqué connecté aux banques de données de la CIA et de la NSA ne lui servait à rien pour recueillir de l'information sur des zones d'intervention potentielles pour les Marines comme la Somalie.

---

[13] Cf infra
[14] Art 5§1 procédure d'échange d'information au sein du club de Berne in Coosemans, T., « *L'Union Européenne et le renseignement, perspective de coopération entre les Etats membres»* Rapport du GRIP 2004/3 p.15

En revanche, un ordinateur personnel avec une « simple » connexion internet lui permettait d'acquérir un renseignement de qualité via des banques de données privées comme Lexis-Nexis ou Jane's Information Group qui satisfaisait bien mieux les besoins des Marines. Ainsi naissait le concept d'OSINT[15].

Cette notion mérite une définition plus précise, ainsi, comme le considère l'OTAN, l'OSINT peut-être définie comme *« Renseignements dérivés d'information publiquement accessible ainsi qu'issus d'informations non classifiées, mais à diffusion limitée »*[16]

De nos jours, un grand nombre de groupes privés se sont lancés dans la collecte et l'analyse du renseignement. La diffusion (restreinte ou non) via l'internet assure une visibilité et une disponibilité importante. Ces groupes (comme par exemple StratFor, IntelCenter, GlobalSecurity, ICG, ...) sont privés ce qui veut dire qu'ils ne subissent pas de contrôle étatique et que le seul contrôle que subissent leurs informations avant d'être diffusé est interne.

De plus, comme mentionné ci-dessus, le risque de télescopage de la même source lors de collaboration entre différents services qui ont pour but de vérifier par recoupement un renseignement augmente substantiellement avec l'apparition de ces banques de données privées.

Néanmoins, ce filtre privé agissant en amont des services peut avoir une importance dans la création de pôles de compétence privés, ce qui mutualiserait et donc diminuerait leurs coûts. Cela signifierait que les services pourraient allouer les ressources ainsi dégagées à d'autres secteurs.[17]

b. Le renseignement d'origine électromagnétique

Ce type de renseignement peut être subdivisé en plusieurs catégories :

• Le SIGnal INTelligence (SIGINT)

Défini par l'OTAN comme regroupant deux sous-familles qui reprennent les différentes techniques d'acquisition d'information par interception de signal. *« Le terme générique utilisé pour décrire les renseignements de communications et les renseignements électroniques lorsqu'il n'y a pas de nécessité de distinguer entre ces deux moyens de collecte ou pour représenter la fusion des deux »*. Nous ne parlerons ici que du premier sous groupe le COMINT, le second (reprenant les moyens de collecte de type ELINT, FISINT, TELINT) étant plus spécifiquement réservé à l'usage militaire.

---

[15] Cloutier P, *« Renseignement et sécurité dans l'âge de l'information : les défis du Québec »*, Centre de recherche sur la sécurité et le renseignement.
[16] Doc OTAN AAP-006 (2010) opcit.
[17] Concernant l'OSINT voir : Coosemans. T opcit ainsi que *« Open Source Intelligence : Private sector capabilities to support DoD Policy, Acquisitions and Operations »*Defense Daily Network Special Report, 5 May 1998

• Le COMmunication INTelligence (COMINT)

« Renseignements issus de l'interception d'une communication de type électromagnétique ou de tout autre système de communication par un utilisateur autre que celui prévu »[18]. Ce moyen de collecte de l'information regroupe donc les techniques d'écoute, d'interception, de décryptage, d'identification et d'analyse des messages interceptés.

Bien que nécessaire et ayant abouti a des résultats importants, notamment dans la lutte contre le terrorisme[19]. L'interception des signaux de communications (communications téléphoniques, fax, e-mails…) présente deux problèmes de taille.

Le premier est un problème récurrent dans la collecte d'informations, mais c'est certainement dans ce domaine qu'il est le plus prégnant. Il s'agit de la masse à analyser qui augmente de manière exponentielle pour deux raisons simples. Tout d'abord, les techniques d'interception se modernisent et arrivent maintenant à intercepter un nombre inimaginable de communications et ce, de manière très réactive. Ensuite, la masse elle-même des communications augmente de façon colossale. Pour illustrer ce fait je citerai le Gén. Hayden[20] : *« Durant la seconde moitié des années '90 le nombre de téléphones portables est passé de 16 à 741 millions, le nombre d'internautes est passé de 4 millions à 361 millions, on a posé autant de lignes téléphoniques que durant toutes les années précédentes et le temps de communications est passé de 38 milliards à plus de 100 milliards de minutes »*[21]. Selon A. Debat[22], la NSA était capable en 2002 d'intercepter (sur base de mots-clés) et de stocker des dizaines de millions de Go mais n'en analysait que moins de 10 %, faute de capacités suffisantes.

Le second problème évident est celui du respect de la vie privée d'un point de vue juridique et éthique. Ce problème représente une des facettes de l'éternel débat de la place des services de renseignement et de sécurité dans la démocratie. Romancé par Georges Orwell dès 1984, le spectre d'une surveillance totale de nos vies privées par un « Big Brother » effraie, à juste titre, les populations. Ce débat est malheureusement trop complexe pour être abordé dans ce travail[23].

Enfin, la relation avec les capacités humaines est à nouveau à souligner. Il n'est que de peu d'utilité d'intercepter des communications dans une langue pour laquelle le service de renseignement ne possède pas de capacité d'analyse ou même de traduction.

---

[18] Doc OTAN AAP-006 (2010) opcit
[19] Voir à cet égard J.Baud *« Le renseignement et la lutte contre le terrorisme »*. Opcit. Pp 161-171
[20] Lieutenant-Général Michael V. Hayden Directeur de la National Security Agency à l'époque.
[21] Joint congressionnal inquiry into the September 11 attacks, « Testimony of Lt-Gen M.V. Hayden » 17.10.2001
[22] Debat, A. « Voyage au cœur du renseignement américain », in Politique Internationale, n° 95 printemps 2002
[23] Concernant les différentes législations européennes sur le sujet : Coosemans. T. opcit.

Cela implique des recours contractuels à des linguistes, des psychologues ce qui représente un coût important et qui augmente considérablement les délais, si bien que l'information, une fois analysée est obsolète.[24]

• L'Imagery Intelligence (IMINT)

Le renseignement d'imagerie est issu de deux vecteurs principaux : aérien et satellitaire.

L'imagerie satellitaire

Sans vouloir rentrer dans les détails, il convient de définir rapidement les moyens d'imageries satellitaires. Les satellites ont la capacité de produire deux types d'images différents : Optiques et optroniques. Cette deuxième catégorie reprend les appareils d'imageries radars et infrarouges. Les atouts et points faibles de ces différentes catégories les rendent complémentaires. En effet, tandis que les satellites optiques, qui offrent la meilleure résolution et sont rapidement analysables, sont « aveugles » la nuit et par temps couverts, les satellites radar disposent d'une capacité tout-temps. Les capteurs infrarouges, qui enregistrent une partie non visible du spectre optique et créent des images à partir des variations de température, permettent une vision de nuit.[25]

Ce moyen de collecte de renseignement n'est pas encore un élément déterminant dans la lutte contre le terrorisme. S'il est très utile pour du renseignement stratégique sur un pays ou une région, ou sur une zone de combat, il ne donne aucune indication sur la position, les intentions ou planification des mouvements terroristes. Cela est dû notamment à l'imbrication de ces groupes dans les zones et infrastructures civiles et au laps de temps trop important entre la demande en image et l'arrivée du satellite sur la zone dite. Concernant ce dernier point, il faut signaler que la situation s'est considérablement améliorée avec la simplification de la relation entre les décideurs stratégiques en charge du fonctionnement des capacités d'imagerie et les acteurs stratégiques. Ce fonctionnement en « boucle courte » a permis une amélioration substantielle de la réactivité. Ainsi lors de l'opération « Desert Storm » contre l'Irak en 1991, cette boucle était comprise entre quelques jours et 24 heures. Elle est passée à quelques minutes seulement lors de l'opération « Iraki Freedom » en 2003.[26]

Cependant, avec la progression constante de la précision des satellites optiques, leurs multiplications et l'amélioration de la réactivité, ce moyen pourrait devenir intéressant dans le cadre tactique pour des opérations de surveillance ou autres en matière de lutte antiterroriste.

---

[24] Coosemans. T. opcit.
[25] Comité permanent du contrôle des services de renseignement, rapport d'activité 1998
[26] « How ISR performed in Irak », Intelligence, Surveillance and Reconnaissance Journal, October 2004

Les deux types d'aéronefs utilisés pour faire de l'IMINT peuvent être avec ou sans pilote... Dans le premier cas, ce sont des aéronefs classiques équipés de cellules spécifiques capables de récolter des informations optiques ou optroniques sur les zones survolées. Actuellement, à de rares exceptions près[27], ces appareils sont multirôles et n'assurent plus exclusivement de la reconnaissance. Si les aéronefs classiques représentent un atout certain lors des opérations militaires, ils ne sont pas d'une utilité déterminante dans la lutte contre le terrorisme.

Les aéronefs sans pilote, appelés aussi drones ou UAV[28] peuvent être considérés comme d'une utilité grandissante dans la collecte de renseignement opérationnel. Ces plates-formes jouissent d'une autonomie et donc d'un rayon d'action nettement supérieur aux aéronefs standards. Leur modernisation technique leur permet d'être guidés de manière très décentralisée et de collecter des images, à la fois optiques et optroniques, d'une qualité inégalée. Leur facilité de mise en œuvre, leur discrétion et leur capacité à surveiller une large zone durant longtemps font de cet outil un moyen de collecte de donnée tactique important.

2.1.4 LE CYCLE DU RENSEIGNEMENT

Le cycle du renseignement est un modèle théorique, considéré comme la base essentielle à la définition et à la mise en place d'une politique de renseignement efficiente[29]. Ce cycle est subdivisé en 4 étapes distinctes et doit être conçu comme étant une boucle pouvant se répéter de multiples fois.

Défini par le document référence de l'OTAN comme étant :

« La séquence d'opérations par lesquelles les renseignements bruts sont obtenus, regroupés, transformés en renseignement et mis à la disposition des utilisateurs. Ces opérations comprennent :

a. L'orientation — Détermination des besoins en renseignement, établissement du plan de recherche, envoi de demandes de renseignement et d'ordres de recherche aux organismes de renseignement et contrôle permanent de la production de ces organismes.

b. La recherche — Mise en œuvre des sources par les organismes de renseignement et transmission des renseignements bruts obtenus aux organismes d'exploitation appropriés pour leur utilisation dans l'élaboration du renseignement.

---

[27] Citons à titre d'exemple les U2 et SR-71 pour la détection optique et les P-3 Orion et E-8 J-STARS pour la surveillance optronique des surfaces maritimes et terrestres.
[28] Unmanned Aerial Vehicle
[29] Walden, A. « *Le renseignement humain face au développement des nouvelles technologies* », Mémoire de DEA, Droit mention « Défense nationale et sécurité européenne », Université des sciences juridiques, politiques et sociales de Lille III, Année universitaire 1999-2000

c. L'exploitation — Transformation des renseignements bruts en renseignement par regroupement, évaluation, analyse, synthèse et interprétation.

d. La diffusion — Envoi du renseignement en temps utile par tous moyens adaptés et sous une forme appropriée, à ceux qui en ont besoin. »

Chacune de ces étapes revêt son importance. Si un dysfonctionnement apparait dans une étape, le reste du processus sera inévitablement faussé. Les coopérations entre services ou États peuvent être mise en œuvre lors de chacune des phases de ce cycle du renseignement.

Les coopérations dans la phase d'*orientation* peuvent mener à des analyses conjointes de l'état de la menace et à une certaine division s des tâches en ce qui concerne la collecte du renseignement. La coopération à ce niveau peut, par exemple, résulter d'une menace commune.

La coopération dans la phase de *recherche* consistera en une coopération opérationnelle. Elle peut impliquer la mise en œuvre des capacités, parfois complémentaire, des pays coopérants. Elle peut également être concrétisée à travers des « équipes communes d'enquête » comme cela se fait au niveau européen notamment dans le cadre de la lutte contre l'ETA entre les forces de sécurités françaises et espagnoles. Néanmoins, cette coopération est relativement rare au vu des relations avec les sources et indics des services nationaux.

La coopération dans la phase de l'*exploitation* ou d'analyse peut être concrétisée par la mise en commun de capacités spécifiques (techniques, linguistiques...). Certains États sont considérés comme des pôles de compétences spécifiques qui peuvent être utiles lors de l'exploitation de l'information.

La coopération en termes de diffusion correspond tout simplement à une transmission conditionnelle ou non de l'État/service qui a acquis le renseignement à un autre État/service pour lequel le renseignement comporte un intérêt.

Comme tout modèle cyclique, ces phases ne sont pas toujours aussi bien délimitées dans les faits. Il est également possible qu'à la suite d'une phase d'exploitation, il soit nécessaire de recommencer au début les découvertes ont redéfinis la nature de l'objet étudié

2.2 LA COOPÉRATION ENTRE LES SERVICES

2.2.1 DÉFINITION DES PRINCIPES DE BASE DE COOPÉRATION ENTRE LES SERVICES

Comme nous le verrons plus loin, il existe une multitude d'obstacles à la coopération entre les services de renseignement.

Une phrase de Larry Wentz, analyste américain, décrit assez justement la méfiance des services de renseignements à échanger leurs données : « *Les renseignements sont une des choses les plus difficiles à partager dans un environnement de coalition. Chaque acteur, quelque soit sont niveau de dévouement à l'intérêt général, a une tendance naturelle à masquer ses capacités de collecte de renseignement et à restreindre les informations concernant les tâches exactes qu'il accomplit et la manière dont les renseignements sont diffusés. De plus, il existe des différences entre les doctrines nationales et les règles de classification [30]* ». Malgré ces obstacles, la coopération entre les services est importante. La raison principale étant que ces échanges permettent l'acquisition de renseignements supplémentaires sur un sujet donné dans le but d'accroitre les informations disponibles ce qui réduira l'incertitude sur le sujet et finalement donnera au décideur une meilleure base factuelle sur laquelle asseoir sa décision.

Le principe de base de l'échange est décrit par le comité R belge comme un principe de réciprocité, fonctionnant sur base d'un système de troc dans le but de donner accès à certains services à des informations qui leur sont, à la base, inaccessibles. Ces échanges sont régis par une série de principes qui sont particuliers à chaque accord d'échange, mais un principe important régule la grande majorité de ces échanges. Il s'agit de la règle du tiers que nous avons évoquée.

Il existe différents types d'accords de coopération.

a. Coopération bilatérale

Ce type de coopération est de loin le plus courant et le plus apprécié par les services[31]. Tous les services du monde entretiennent ce type de relations. La préférence des pays va aux Alliés traditionnels avec lesquels un certain niveau de confiance est garanti. Il en résulte donc l'imbrication d'une multitude d'accords bilatéraux qui créent un tissu de relations complétant les plateformes d'échanges multilatérales.

Comme le nom l'indique, il s'agit de rapports entre deux États (voir entre deux services, avec l'accord de leur hiérarchie gouvernementale).

Ces accords peuvent porter sur des sujets précis (arrestation d'un groupe terroriste en particulier) ou généraux (terrorisme, trafic d'armes ou d'êtres humains, réseaux de financement clandestins…) ou bien communs (ETA pour la France et l'Espagne par exemple). Ils peuvent prendre plusieurs formes, mise à disposition d'analystes ou de spécialistes, gestion conjointe d'installations de collecte d'information, mise à disposition de terrains pour des installations de collecte d'informations, conduite conjointe d'opérations de collecte d'informations ou échange de produits analytiques[32].

---

[30] Traduit de l'anglais.
[31] Notes d'entretien avec un directeur DCRI un directeur UCLAT
[32] J.Baud opcit p. 254

21

Il est à noter que la majorité des données échangées sont des renseignements analytiques et non des informations brutes qui pourraient donner trop d'indices quant à la capacité de collecte.

Ces accords définissent donc la nature de la coopération et les niveaux d'informations partagés.

L'avantage qui peut être retiré de ce type de coopération est la création d'une certaine relation de confiance entre deux services. Cette intimité peut mener à la mise en place de « pôle de spécialisation » sur un sujet particulier. Ce pôle de spécialisation peut également être préexistant à la collaboration et constituer la base de celle-ci. Après les attentats du 11 septembre, les services américains se sont rapidement tournés vers les services français afin de profiter de leur expérience de lutte contre le terrorisme islamique international. Ces derniers sont en effet les premiers à avoir été confrontés à ce type de menace lors des actions du GIA ou d'autres groupes dans les années 90[33].

L'inconvénient majeur de ces accords est qu'ils manquent d'une certaine transparence. La règle du tiers étant en vigueur, certains renseignements peuvent donc aller et venir par des voies qui semblent indépendantes, mais qui, en réalité, proviennent de la même source et mettent donc à mal le processus de recoupement, de vérification du renseignement.

Un autre inconvénient qui peut être soulevé est que la complémentarité ou la spécialisation poussée à un niveau trop élevé peut engendrer une certaine dépendance des ressources de l'autre État. Cette remarque n'a que peu d'intérêt dans le cas ou les deux services possèdent une même taille et des capacités générales semblables. Mais dans le cas d'un accord bilatéral avec une superpuissance, le risque de se « faire lâcher » en route peut avoir des conséquences importantes sur les capacités de renseignements nationales. Ce point sera soulevé dans le chapitre suivant sous le titre *problématique des relations privilégiées*.

b. Groupes de coopération

Les groupes de coopération sont basés sur des accords de coopération multilatérale. Il est normal que les groupes alliés se transmettent des renseignements. Ces échanges sont relativement superficiels et axés uniquement sur une perception commune de la menace ou bien sur des intérêts communs. Le cas de l'OTAN permet d'illustrer ce propos. La menace commune originale pour les membres de l'OTAN était posée par l'Union Soviétique, la coopération en termes d'échange de renseignements entre les États membres portait donc assez naturellement sur les connaissances que chacun avait sur les capacités et des intentions de l'ennemi. Lors de la chute de l'ennemi commun et de l'avènement du terrorisme international, les enceintes de coopération de l'OTAN auraient pu être « recyclées » afin de collaborer sur des réalités nouvelles telles que les états faillis ou

---

[33] Note d'entretien avec un ancien directeur des RG

presque faillis, les conflits anti insurrectionnels ou le terrorisme international. Malgré le consensus sur la nécessité d'évoluer afin de faire face à ces nouveaux challenges, force a été de constater que la coopération s'est matérialisée plus lentement[34].

Cela étant, une perception commune de la menace et des actions concrètes pour améliorer la coopération dans les réalités nouvelles ne suffisent pas toujours à mettre sur pied un réseau solide de coopération multilatérale. Il arrive qu'un État ou un service adopte une attitude individualiste qui menace la cohésion de l'ensemble.

C'est en substance ce qui a pu être observé à partir de la seconde moitié de la guerre froide, lorsque les États-Unis ont progressivement décidé de s'appuyer plus spécifiquement sur les moyens de collectes techniques en dénigrant leurs capacités HUMINT et les réseaux qu'ils avaient infiltrés chez l'ennemi, mais aussi les réseaux humains qui assuraient les partenariats avec les nations alliées.[35] Ce recours au « tout technologique » a donc coupé les services américains d'une bonne partie de leurs sources humaines, mais aussi d'une fraction importante de leur tissu de relations avec leurs alliés.

Trois groupes de coopération méritent d'être brièvement décris. Les groupes européens seront exposés dans la seconde partie de ce travail. Il est important de préciser que seules seront évoquées les structures dont l'existence a été mentionnée dans la littérature ouverte avec toutes les réserves et les limites que cela implique

• The UKUSA Agreement

Acronyme formé par les abréviations de ses deux parties les plus importantes, l'accord UK-USA, signé en 1948 est composé des États-Unis, du Royaume-Uni et de certains États du Commonwealth à savoir le Canada, l'Australie et la Nouvelle-Zélande. Cet accord instaure une division des tâches en termes de capacités d'interceptions de signaux en tous genres. Certaines « parties tierces[36] » accueillent également des installations sur leurs sols[37]. L'UKUSA offre donc un cadre de références à la coopération technique en matière de collecte et de traitement de renseignements d'origine électromagnétique. Cet accord propose également des processus de standardisation des protocoles et des méthodes de travail. Depuis, les termes de cet accord se sont singulièrement renforcés. Il apparait assez clairement que, de nos jours, la coopération n'est plus restreinte uniquement au secteur de la collecte de données d'origine électromagnétique. Selon l'historien S.Dorril, l'accord UKUSA doit être considéré comme « *the most important and resilient part of British intelligence's 'special relationship' with the United States*»[38].

---

[34] J-F Gayraud & D.Sénat, « *Le Terrorisme* » Paris presse universitaire de France, Que sais-je, N°1768 2002 p.61
[35] R.Re & K.Eichensehr, « *A conversation with Bob Graham searching for answers : U.S intelligence after September 11*" Harvard International Review, vol XXIV, n°3, Fall 2002, p.40
[36] Allemagne, Autriche, Corée du Sud, Danemark, Grèce, Italie, Japon, Norvège, Thaïlande, Turquie)
[37] Selon J.Baud, opcit p. 257
[38] S.Dorril *"MI6:Inside the covert world of her Majesty's Secret Intelligence Services"* New-York, The free Press, 2000. p.56.

Un accord de ce type n'est pas spécialement proportionnellement profitable à tous ses membres. Vu la suprématie incontestée des services américains, particulièrement comparés aux services néo-zélandais, on peut se poser la question d'une certaine dépendance de ces derniers par rapport aux grands frères américains et anglais.

Certains auteurs[39] considèrent que cet accord est la base du système d'écoute Échelon.

• The Kilowatt group

Le réseau Kilowatt est un réseau intercontinental dont la raison première serait la lutte contre le terrorisme. Il aurait été lancé en 1977 à l'initiative des services de renseignements Israéliens (Mossad et Shin Beth) à la suite des attaques perpétrées par le groupe Septembre Noir lors des Jeux olympiques de Munich en 1972. Le groupe aurait changé de nom depuis[40]. Le groupe Kilowatt est composé des services des États membres de l'Union Européenne ainsi que des services des États-Unis, de la Norvège, de la Suède, de la Suisse, du Canada, d'Afrique du Sud et d'Israël.

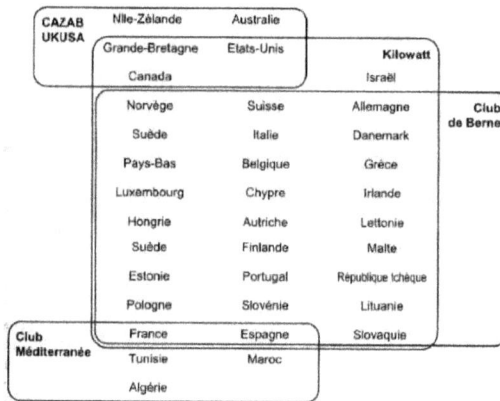

CAZAB UKUSA			Kilowatt	Club de Berne
Nlle-Zélande	Australie			
Grande-Bretagne	Etats-Unis			
Canada			Israël	
Norvège	Suisse	Allemagne		
Suède	Italie	Danemark		
Pays-Bas	Belgique	Grèce		
Luxembourg	Chypre	Irlande		
Hongrie	Autriche	Lettonie		
Suède	Finlande	Malte		
Estonie	Portugal	République tchèque		
Pologne	Slovénie	Lituanie		
France	Espagne	Slovaquie		
Tunisie	Maroc			Club Méditerranée
Algérie				

FIGURE 1. J BAUD OPCIT

Ce réseau n'est pas basé sur un système d'échange réciproque, il est plutôt vu comme une banque de données dans laquelle chaque service « déposerait » les données qu'il possède (et qu'il veut bien partager) sur le terrorisme international. Le réseau serait tombé en désuétude dans les années 90 avant d'être réactivé après le 11 septembre[41].

---

[39] J.Baud opcit p.258
[40] S.Lefebvre *"The difficulties and dilemmas of international intelligence cooperation"* International Journal of Intelligence and Counterintelligence, 16:4, p.531
[41] R.Jaquard in Le Figaro, 13 octobre 2001

• *Le Comité Spécial de l'OTAN*

Ce comité spécial (également connu sous l'appellation OTAN AC/46) est considéré comme la plus ancienne et la plus vaste plateforme de collaboration entre les alliés. Lancé en 1952, il réunit de manière annuelle tous les chefs des services des pays membres de l'OTAN. Les sujets traités sont assez larges, le comité rend ensuite compte au Conseil de l'Atlantique Nord. Au lendemain du 11 septembre, ce comité (à l'époque présidé par la Belgique) décida de mettre sur pied une cellule d'analyse continuelle dont le but est d'analyser les renseignements provenant des services des États membres, et de diffuser ces renseignements au bureau du secrétaire général et au Conseil en relation étroite avec les capacités militaires de l'OTAN.[42] Cependant, le grand nombre d'États membres et donc de receveurs potentiels des renseignements transmis ainsi que les divergences de vues sur la définition même du terrorisme limitent, en quantité et en qualité, les échanges opérés dans ce cadre[43].

2.2.2 OBSTACLES A LA COOPÉRATION

Les obstacles énoncés ci-dessous sont considérés comme des obstacles généraux à la coopération entre services de renseignements. Pour certains, ils représentent une barrière à la coopération internationale, mais aussi nationale, entre les différents services d'un même pays. On imagine aisément que la coopération entre les 14 services de renseignements actifs aux États-Unis n'est pas toujours évidente.

a. Obstacles techniques

Difficultés d'interopérabilité entre les différents matériels, procédures, protocoles, cryptages... utilisés par les différents services de renseignements. Si les procédures et les plateformes de communications et d'échange de renseignements se sont largement standardisées, notamment grâce aux fameux STANAG[44] de l'OTAN, les différences sont encore significatives et représentent une perte de temps et d'efficacité importante lors d'opérations conjointes ou d'échanges de renseignements.

b. Obstacles opérationnels

Problèmes liés à un manque de coordination, de transparence. Utilisation de la même source sans le savoir (ex. : www.intellcenter.com) et donc surestimation de la fiabilité de l'information alors qu'elle n'a pas été recoupée.

---

[42] S.Lefebvre, opcit, p.531
[43] Assemblée de l'UEO *"Renseignement Européen : les nouveaux défis-Réponse au rapport annuel du Conseil'* Opcit.
[44] NATO STANdardization Agreement/Accords de Normalisation La mise en application de STANAG aide les pays à atteindre les niveaux d'interopérabilité requis et à mieux accomplir leurs tâches communes en matière de stratégie, d'opérations et de tactique, de comprendre et d'exécuter les procédures de commandement et d'utiliser les techniques, le matériel et les équipements de manière plus efficace.

c. Obstacles juridiques

Les obstacles juridiques peuvent générer plusieurs types de barrières à la coopération entre services étrangers, mais aussi d'un même pays.

Premièrement, certains pays (principalement à l'ouest) ont cloisonné leurs services de renseignement et de sécurité. Le but était d'éviter la création d'une superpuissance du renseignement comme le KGB. Ce cloisonnement gêne la collaboration entre les services au sein d'un même pays en matière de lutte anti terroriste. Comme évoqué supra, certains pays ont réformé leurs services et ont crées un système fonctionnel et cohérent avec les réalités actuelles. À cet égard, la réforme des services français issue du livre blanc sur la sécurité et la défense nationale en 2008 est un exemple d'intégration au niveau national et facilite les contacts avec l'extérieur. En effet, la mise en place d'un coordonnateur national du renseignement et de l'UCLAT (Unité de Coordination de la Lutte Anti-Terroriste) permet de regrouper les informations émanant de tous les services afin de les distribuer efficacement aux décideurs, mais aussi de les partager avec les partenaires potentiels.

Deuxièmement, certains pays possèdent une législation trop peu aboutie en matière de lutte antiterroriste et en matière de législation régissant les capacités de leurs services de renseignements en général. Les formes que peuvent prendre ces lacunes juridiques sont multiples, mais la plus problématique reste le fait que les services ne disposent pas de leur « boucle judiciaire » propre. Les réalités de la lutte antiterroriste sont en effet différentes de celles des criminels de droit commun. Plus que dans d'autres domaines, la rapidité de réaction est nécessaire à l'appréhension et à la neutralisation d'attaques terroristes. Néanmoins, il est fondamental de garder un contrôle parlementaire sur les agissements des services afin qu'une vérification constante du respect des libertés collectives et individuelles soit assurée. Trouver une solution équilibrée entre ces deux impératifs est une tâche difficile qui mérite un débat trop spécifique que pour être abordé dans ce travail.

d. Obstacles institutionnels

Au sein même d'un pays, on peut observer des obstacles dus à un phénomène de « stovepiping ». La multiplicité des services de renseignements entraine une lourdeur administrative et un manque de centralisation de l'information. Les États-Unis et leurs 14 services de renseignements éprouvent une grande difficulté à coordonner les définitions des domaines de compétence et des champs d'action pour chacune de leurs agences.

Cette inefficacité entraine une certaine rétention de l'information dans les services et (in) volontairement implique des doublons dans les prérogatives de chaque service. Ces phénomènes peuvent créer un ressenti, voire une compétition entre les services d'un même pays.

Cette situation n'est pas spécifique aux services américains, la situation des services de sécurité et de renseignements français avant la réforme de 2008 était assez préoccupante. La DST et les RG se trouvaient plus dans une relation de compétition que de coopération.

La fusion des deux entités en une seule (la DCRI) et la création d'une véritable communauté du renseignement (échange de membres entre services, mise sur pied d'une académie du renseignement) résout la situation en créant un service unique et intégré et en favorisant des échanges de savoir et de compétences entre les différentes agences.

e. Obstacle au niveau de la sécurité

Cet obstacle représente la principale cause de méfiance.

Les préoccupations de sécurité sont triples :

- *Protection des intentions du décideur*

Les services de renseignements maintiendront toujours des niches protégées afin de ne pas dévoiler totalement les zones sur lesquelles leurs intérêts se portent principalement. Le but est clairement de laisser un maximum de marge de manœuvre au décideur.

- *Protection des capacités du service*

Le contenu d'une information brute peut donner des indications explicites sur les capacités techniques d'un service. Les capacités d'IMINT par exemple ont été jalousement gardées secrètes par les services durant la guerre froide. Les photos transmises aux services alliés étant volontairement dégradées. Les évolutions technologiques civiles récentes ont rendu ces mesures obsolètes.

- *Protection des sources*

Il peut aussi, s'il est totalement brut, donner des indications sur l'éventuelle source à la base de l'acquisition de cette information ce qui peut impliquer des conséquences dramatiques pour le service, pour le décideur, mais surtout pour la source... La règle du tiers prévient normalement de ce genre de risque.

Ces 3 préoccupations de sécurité sont vitales pour un service. En effet, le monde du renseignement n'est pas un monde de secret pour rien. De multiples raisons justifient cette confidentialité imposée. Si les deux premiers points pourraient, s'ils ne sont pas respectés, engendrer des conséquences politiques d'une gravité variable, le fait qu'une source soit rendue publique peut menacer sa sécurité physique.

À ces cinq obstacles majeurs, s'en ajoutent d'autres provenant de sources différentes :

f. Complexe de supériorité[45]

Cette attitude prévalait surtout avant le 11 septembre, elle est décrite comme une impression d'autosuffisance de la part d'un Etat, qui ne juge pas nécessaire de coopérer car il estime que ses services et ses capacités propre de détection de la menace sont amplement suffisantes.

g. Complexe d'infériorité[46]

Fait référence à une certaine ambivalence des États face au risque terroriste. Il est clair que la perception du risque terroriste en Slovénie, ou en Norvège avant le 22 juillet 2011, est totalement différente de la perception française ou espagnole. Ce fait est dû à l'histoire du pays, si celui-ci n'a jamais ou que très rarement eu affaire à des risques terroristes, cela peut entrainer une certaine réticence de ces États à mettre autant de moyens que les autres. Cette assertion est néanmoins à nuancer face au risque de mutualisation de la menace exposé dans le chapitre consacré à l'étude de cas européen.

h. Respect des droits humains[47]

Les moyens mis en œuvre pour collecter des informations se heurtent à des sensibilités différentes en fonction des pays. Les législations régissant la mise sur écoute, la surveillance électronique, ou bien dans des cas extrêmes, l'appréhension d'une personne et les techniques qui peuvent être utilisées afin de lui soutirer des informations, sont très différentes en fonction du pays. Le partage des renseignements doit donc tenir compte de la façon dont le renseignement a été obtenu et, idéalement, devrait correspondre aux standards de respects des droits humains par le pays acquéreur du renseignement. Cela peut représenter un obstacle, principalement lors de partage d'information entre services des pays occidentaux et services des pays du moyen orient ou du Maghreb.

i. Utilisation du renseignement[48]

L'utilisation du renseignement par le pays acquéreur reste normalement à sa discrétion, néanmoins, il arrive que le renseignement partagé soit utilisé à des fins inattendues et inappropriées du point de vue du pays émetteur du l'information.

L'exemple suivant est une bonne illustration de cet obstacle potentiel. En 1981, les forces armées israéliennes détruisirent le réacteur d'Osirak en Irak. Les renseignements nécessaires à la planification de cette mission furent obtenus grâce à des images satellites collectées par les services américains.

---

[45] Notes d'entretien avec le directeur de l'UCLAT.
[46] Ibidem
[47] Security Intelligence Review Comittee (SIRC) *"Report 2000-2001: An operational audit of the Canadian Security Intelligence Service"* Ottawa: public works and government services Canada, 2002. P.19
[48] J.T. Richelson *« The calcullus of Intelligence Cooperation »* p.316; B.Woodward, *"Veil : The secret war of the CIA, 1981-1987"* New York, Simon & Schuster, 1987 pp. 160-161

Suite à cet incident, les États-Unis amendèrent les accords de coopération avec les services israéliens pour s'assurer que les renseignements transmis ne pourraient être utilisés qu'à des fins défensives par les Israéliens[49]

2.3 CONCLUSION SUR LA COOPÉRATION ENTRE LES SERVICES

D'un point de vue théorique (l'analyse pratique de la question sera effectuée dans la deuxième partie), le choix de coopérer entre services revient à comparer les gains potentiels aux obstacles potentiels. Chaque situation comporte ses critères propres en termes de gains et d'obstacles.

Une analyse[50] utilisant les outils de base des sciences sociales a récemment été conduite par James I. Walsh sur cette question. Cette analyse, bien que fort américano-centrée, propose une lecture intéressante des mécanismes régissant la collaboration entre les services de renseignement et de sécurité.

L'auteur introduit son ouvrage en relatant deux événements qui se sont réellement déroulés.

Le premier retrace brièvement la manipulation dont ont été victimes les services de renseignement allemands. Une de leurs sources, Rafid Ahmed Alwan (à qui sera attribué le nom de code « Curveball ») est un transfuge irakien qui donna des informations au BND[51] lors de son arrivée en Allemagne, en 1999. Curveball disait avoir travaillé pour le gouvernement de Saddam Hussein en tant qu'ingénieur dans une usine de production de laboratoires mobiles d'armes biologiques. Le BND transféra le renseignement à son homologue américain sans toutefois laisser la possibilité à ce dernier d'interroger lui-même Curveball afin de recouper ses dires avec d'autres données. Le gouvernement américain inclut largement les révélations de Curveball dans son réquisitoire contre l'Irak ce qui faisait des ces allégations un des arguments importants pour justifier la guerre dans laquelle les américains allaient s'engager. Or, Curveball avait tout inventé, pour des raisons inconnues il s'était inventé une vie. Il serait naïf de penser que les États-Unis n'auraient pas envahi l'Irak s'ils avaient eu connaissance du mensonge de Curveball avant le début des opérations, néanmoins cet exemple me semble intéressant à analyser de manière tout à fait objective et d'un point de vue scientifique.

Le deuxième exemple de coopération, fructueuse cette fois, donné par Walsh est celle qui aboutit à la capture en 2003 de Khalid Sheikh Mohammed (KSM) au Pakistan dans une opération conjointe des services pakistanais, américains, et d'autres États dont les Philippines. KSM était recherché pour son implication, à un niveau de responsabilité relativement élevé, dans les attentats du 11 septembre. Les autorités philippines découvrirent par hasard que KSM s'était basé un temps sur leur territoire, leurs

---

[49] Ibidem
[50] James I. Walsh *"The International Politics of Intelligence Sharing"* New-York, Columbia University Press, 2010.
[51] Bundesnachrichtendienst Service de Renseignement allemand.

investigations les menèrent à découvrir certains numéros de téléphone utilisés par KSM. Les services américains interceptèrent et compilèrent pendant 2 ans les informations qu'ils pouvaient recueillir par l'écoute de ces lignes téléphoniques. Finalement, KSM put être localisé au Pakistan, les forces de sécurité pakistanaises l'appréhendèrent sous le contrôle de certains officiels américains auxquels il fut remis par la suite.

Prenant ces deux événements comme base de sa théorie, Walsh étudiera une multitude d'autres coopérations historiques et les étudiera à travers 3 variables clés :

> Bénéfices de la coopération.
> Probabilité d'occurrence et coûts des obstacles.
> Coût de création et de maintien d'une relation hiérarchique.

Il émettra dès le début de son ouvrage 3 hypothèses qui régissent, selon lui, les coopérations entre les services.

→ Les gains supposés/attendus d'une coopération doivent être plus important que les coûts de surveillance, recoupement et vérification des renseignements reçus.

→ Les Etats coopéreront de manière anarchique (selon la pensée institutionnaliste) avec leur(s) partenaire(s) si les risques de « defection[52] » sont quasi-inexistants.

→ Si au moins un Etat du groupe de collaboration estime que les risques de « defection » d'un ou de plusieurs autres Etats du groupe sont trop importants, cet Etat devra instaurer un régime de contrôle hiérarchique. Ce qui signifie que l'Etat disposant du plus de ressources dirigera, avec une capacité de contrôle et de supervision importante, l'entièreté du processus de collaboration. Les coûts inhérents à la mise en œuvre et au maintien de cette relation hiérarchique additionnés aux risques (maintenant réduits mais jamais réductibles à zéro) de « defection » potentiels d'un ou de plusieurs des partenaires doivent être inférieurs aux gains supposés/attendus.

Il confirmera ensuite ces hypothèses en les comparant aux données empiriques issues des coopérations étudiées.

De toute la documentation théorique que j'ai pu trouver sur le sujet, l'ouvrage de Walsh m'a semblé être le plus abouti et le plus actuel (2010) ce qui dans ce domaine me semble important vu la vitesse de l'évolution des pensées et doctrines en la matière.

---

[52] Terme utilisé par l'auteur, reprend les obstacles cités supra, principalement les risques liés à la sécurité et à la mauvaise utilisation d'un renseignement.

3 Etude de cas : Les mécanismes de coopérations en Europe en matière de lutte anti-terroriste.

3.1 Le Contexte

Entre la fin des années de plombs (fin des années 1980) et les attentats du 11 septembre, la perspective d'une intégration des moyens de lutte anti terroriste au niveau européen n'était discutée qu'au sein des services de renseignements et au niveau politique, de think tank restreints. Le drame du 11 septembre et les confirmations des 11 mars 2004 à Madrid et 7 juillet 2005 à Londres de la nouvelle tendance à l'internationalisation du terrorisme islamique de masse ne permettront plus aucun doute aux leaders européens. La politique globale de sécurité de l'Union Européenne ne pourra plus être envisagée sans prendre en comptes les menaces liées au terrorisme transnational.

Or, si l'intégration européenne au niveau économique est considérée comme un exemple mondial, il reste des avancées importantes à réaliser en matière de coopération judiciaire et policière (anciennement reprise dans le pilier Justice et Affaires Intérieures) et en matière de Politique de Sécurité et de Défense Commune. L'Europe n'a eu d'autres choix que de réagir et de pousser à l'européanisation, ou du moins à une meilleure collaboration, des services de lutte contre le terrorisme.

Dix ans se sont maintenant écoulés depuis ce « réveil sécuritaire européen ». Face à ce défi, l'Europe a-t-elle réussi à mettre sur pied des structures adaptées à la lutte contre le terrorisme ? La réponse ne peut être tranchée et, s'il faut reconnaitre que certaines avancées remarquables ont été accomplies et que le cadre apporté par le traité de Lisbonne présage des améliorations significatives, force est de constater que la proposition de la Belgique et de l'Autriche du 19 mars 2004 de créer un service de renseignement européen totalement intégré est restée au stade de l'illusion.

Après avoir rapidement dressé un bilan chronologique (depuis 2001), les raisons qui imposent aux pays européens de resserrer les liens existants entre les services seront exposées. Ensuite, une analyse des obstacles, focalisés sur les réalités européennes sera effectuée. La partie suivante comportera un aperçu des institutions et groupes de collaboration existants. Enfin, les différentes perspectives européennes seront exposées.

3.2 Chronologie d'une approche plurisectorielle

Dans ce point seront abordées les adaptations européennes face à la menace terroriste depuis 2001. Cependant, la coopération entre les services de sécurité et de renseignement en Europe ne constitue pas la seule réponse à cette menace, loin s'en faut. Une gestion efficace de ce type de problème sociétal requiert une approche globale de la question. Les mesures à mettre en œuvre sont multisectorielles.

La lutte contre le terrorisme doit être effectuée aussi bien par les services de renseignements et de sécurité que par les organismes financiers (privés et publics), les contrôles à l'immigration, les enceintes judiciaires, les domaines carcéraux, les forces de police à toutes les échelles (des agents de proximités aux groupes d'intervention)...

S'il est important d'inclure tous les secteurs concernés, l'approche se doit également d'être tant proactive que réactive. Il importe tout autant de s'attaquer aux causes sous-jacentes de ce phénomène que de mener à bien des opérations de répression si l'on veut atteindre un résultat un tant soit peu durable. Cette réalité est très bien exprimée par Javier Solana : « *No causes justifies terrorism, but nothing justifies ignoring the causes of terrorism* ». Une capacité de prévision doit également être recherchée. Cette possibilité d'identifier les potentielles actions, cibles et groupes terroristes permettra une répression, mais aussi une compréhension plus efficace. À cet égard, citons la nouvelle doctrine française des services de renseignement qui repose sur les deux vocables « *Connaitre & Anticiper* »[53].

Voilà donc les bases de la « comprehensive approach » au niveau de la lutte anti-terroriste européenne. Une base sectorielle la plus large possible et une vision à court (réactivité) et à long terme (proactivité, prévention).

3.2.1 LES PRÉMISSES : LA DÉCLARATION DE SEPTEMBRE 2001

L'Union Européenne, alors présidée par la Belgique, a répondu de manière prompte et déterminée à cet acte terroriste. L'objectif de Bruxelles dans le cadre de la lutte contre le terrorisme transnational était double. D'une part, il fallait veiller à maintenir une cohésion et une cohérence dans le cadre de l'action externe que l'Union Européenne allait mettre en œuvre. D'autre part, il fallait profiter de l'élan de solidarité occidentale de l'après 11 Septembre pour mettre en œuvre le plus rapidement possible une série de mesures concrètes. À cette époque, aucun gouvernement européen n'aurait pu mettre un véto sur des mesures de lutte antiterroriste tant la perception de la menace dans l'opinion publique entrainait une volonté de protection, quel qu'en soit le prix[54]. Jamais l'Europe n'avait connu un consensus aussi large. Comme le relève A. Weyembergh, « *C'est en son nom* [le 11 septembre] *que les États membres de l'Union se sont montrés plus que jamais prêts à moderniser les mécanismes traditionnels de coopération et à faire progresser la construction d'un espace judiciaire européen* »[55].

La déclaration commune de lutte contre le terrorisme est approuvée le 21 septembre 2001 par le Conseil Européen. Ce plan d'action contre le terrorisme regroupait des mesures très diverses et concrètes, comme le mandat d'arrêt européen.

---

[53] Livre blanc sur la défense et la sécurité nationale, La documentation Française, chap 8.
[54] Pour approfondir le sujet : L.Huddy, S.Feldman, C.Taber, G.Lahav « *Threat, Anxiety and Support of Antiterrorism Policies* » American Journal of Political Sciences. Vol.49 N°3, Juillet 2005 pp593-608
[55] A.Weyembergh *'Le droit international face au terrorisme'* Paris, Pedone, 2002

Celui-ci n'entrera cependant pas en vigueur avant janvier 2004.[56] Un autre progrès notable est la mise en route d'Eurojust dont le but sera de coordonner les enquêtes judiciaires au plan européen.

C'est le Conseil Européen de Gand du 19 octobre 2001 qui mettra concrètement en œuvre les décisions prises le 21 septembre. À l'issue de ce conseil, un document contenant 79 actions à engager rapidement est publié. Il rencontre en partie les demandes américaines. De ce document, 5 lignes de force[57] peuvent être dégagées : le renforcement de la coopération judiciaire et policière ; le développement des instruments juridiques internationaux ; la lutte contre le financement du terrorisme ; le renforcement de la sécurité aérienne et la coordination de l'action globale de l'Union. Ce dernier point concerne notamment la mise en place concrète de mesures telles que : une définition commune du terrorisme[58], un mandat d'arrêt européen, la création d'équipe commune d'enquête et la mise en place d'une équipe d'experts au sein d'Europol[59].

La présidence espagnole du conseil réaffirmera la volonté européenne d'« *améliorer la coordination entre les différents services de renseignement des États membres et de l'UE, ce qui renforcerait la capacité d'analyse et de prévision de la PESC* »[60]. Ils prévoient également d'intégrer explicitement la lutte contre le terrorisme dans les objectifs de la PESC, car avant cette décision, la lutte contre le terrorisme n'était pas précisément reconnue comme une mission de Petersberg et donc n'était officiellement gérée par aucune instance européenne.

Lors des trois présidences suivantes (danoise, grecque et italienne), la question du terrorisme est mise à l'écart au profit de l'organisation de l'élargissement de l'Europe au dix pays d'Europe centrale et Occidentale. Notons toutefois que c'est sous la présidence grecque qu'est pour la première fois évoquée la question de la clause de solidarité européenne en cas d'attaque terroriste.

Cette clause sera mise en œuvre de manière anticipée à la suite des attentats de Madrid en 2004 et finalement codifiée dans l'article 222 du TFUE.

Lors de la présidence irlandaise du conseil, le terrorisme frappe l'Europe. Les attaques terroristes de Madrid sont les plus meurtrières (191 victimes) depuis l'attentat de Lockerbie en 1988. Comme au lendemain du 11 septembre, l'Europe réagira rapidement et fermement, d'autant plus que l'attaque a été portée au cœur de la capitale de l'un des pays majeurs de l'Union Européenne. Avant l'attaque, le Conseil s'était déjà mis d'accord sur un certain nombre de points concernant des mesures concrètes de lutte contre le terrorisme.

---

[56] R.Mathieu '*La lutte contre les terrorismes, Domaine de coopération au sein et entre les organisations sécuritaires en Europe ?*' Centre d'étude de Défense, Sécurité et Stratégie, N°89, Mai 2005.
[57] S.Lavaux '*Terrorisme, la stratégie de l'Union Européenne en matière de radicalisation et de recrutement*' Vigiles, Revue du croit de police, 2007/3, pp82-91
[58] Décision cadre du 13 juin 2002 établissant également une harmonisation des sanctions et un régime judiciaire spécifique aux activités terroristes.
[59] S.Lavaux, opcit, p.84
[60] Discours inaugural de la présidence espagnole du Conseil. In R.Mathieux, Opcit p.39.

L'amélioration des fonctionnalités du Système d'Information Schengen est acceptée, ce qui ouvre la voie au SIS II. Le Conseil approuve également la réouverture de la cellule antiterroriste d'EUROPOL. Des avancées notoires sont observées sur les dossiers du mandat d'arrêt européen et sur le projet de décision-cadre concernant le gel des avoirs des organisations terroristes. C'est sous la présidence irlandaise également qu'un consensus tombe sur la nécessité de s'attaquer aux causes du terrorisme. Cette volonté de prévention dénote avec les mesures précédemment mises en œuvre qui avaient un caractère exclusivement répressif.

Lors du conseil européen de mars 2005 qui eut lieu juste après les attentats de Madrid, une Déclaration sur la lutte contre le terrorisme est présentée par la présidence aux différents États membres. Ce document soulignait la nécessité urgente de la mise en place d'une politique commune de défense contre le terrorisme. La première demande était de mettre en œuvre le plus directement possible les mesures déjà approuvées dans le domaine de ce qui était à l'époque la Justice et les Affaires Intérieures. Ces mesures comprenaient : la création d'un poste de coordinateur de la politique antiterroriste de l'UE, la sécurité des transports, les contrôles aux frontières et la coopération avec les partenaires internationaux.

3.2.2 L'ABOUTISSEMENT : LA STRATÉGIE EUROPÉENNE DE LUTTE CONTRE LE TERRORISME

La Stratégie Européenne de Lutte Contre le Terrorisme est actée le 30 novembre 2005, à la suite des travaux du sommet de Madrid sur le terrorisme et des travaux du Conseil qui l'ont suivi. Cette stratégie prend également en compte les douloureuses conclusions préliminaires des attentats de Londres qui se sont déroulés 4 mois plus tôt, le 7 juillet 2005.

Cette stratégie repose sur les quatre vocables suivants : Prévenir, Protéger, Poursuivre et Répondre (3PR). Ces quatre volets de la stratégie sont brièvement décrits ci-dessous.

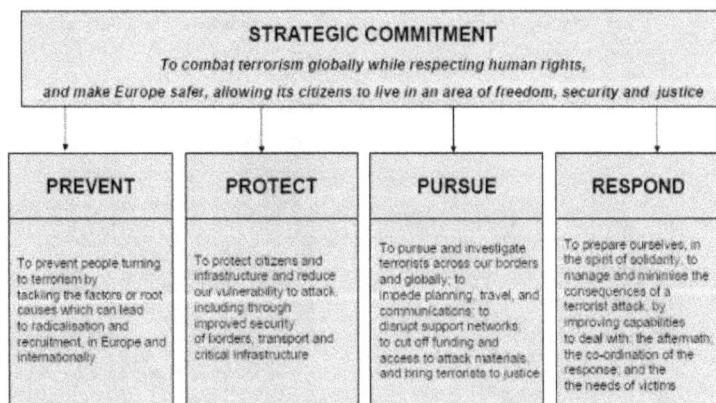

FIGURE 2. THE EUROPEAN UNION COUNTER TERRORISM STRATEGY, 14469/4/05/REV4

Cette stratégie représente, encore aujourd'hui la base sur laquelle se construisent les mesures concrètes afin d'arriver à mettre sur pied un appareil performant dans le cadre du 3PR.

Le but de cette stratégie est de délimiter les domaines de compétence de l'UE mais aussi de cibler les points sur lesquels les Etats membres doivent travailler.

Selon l'UE, les Etats membres ont la responsabilité de lutter contre le terrorisme. L'UE pouvant soutenir le travail des Etats membres de quatre manières :

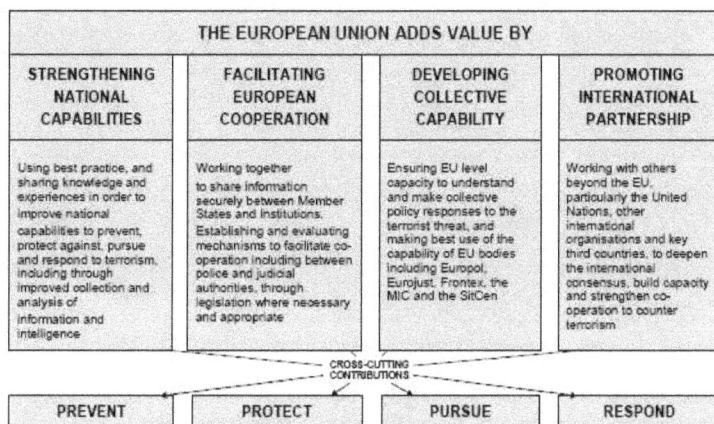

THE EUROPEAN UNION ADDS VALUE BY

STRENGTHENING NATIONAL CAPABILITIES	FACILITATING EUROPEAN COOPERATION	DEVELOPING COLLECTIVE CAPABILITY	PROMOTING INTERNATIONAL PARTNERSHIP
Using best practice, and sharing knowledge and experiences in order to improve national capabilities to prevent, protect against, pursue and respond to terrorism, including through improved collection and analysis of information and intelligence	Working together to share information securely between Member States and institutions. Establishing and evaluating mechanisms to facilitate co-operation including between police and judicial authorities, through legislation where necessary and appropriate	Ensuring EU level capacity to understand and make collective policy responses to the terrorist threat, and making best use of the capability of EU bodies including Europol, Eurojust, Frontex, the MIC and the SitCen	Working with others beyond the EU, particularly the United Nations, other international organisations and key third countries, to deepen the international consensus, build capacity and strengthen co-operation to counter terrorism

CROSS-CUTTING CONTRIBUTIONS

PREVENT	PROTECT	PURSUE	RESPOND

FIGURE 3. THE EUROPEAN UNION COUNTER TERRORISM STRATEGY, 14469/4/05/REV4

Depuis 2005, plusieurs avancées concrètes ont été réalisées dans le cadre de ces quatre axes. La dernière communication officielle de L'UE[61] a été rendue publique le 20 juillet 2010. Les principales idées seront exposées ici.

Il est à noter que cette dernière communication combine les principales évolutions des lois et des politiques au niveau de l'UE, mais aussi les défis futurs à relever. Elle repose également sur les mesures antiterroristes prévues dans le programme de Stockholm[62]. Ces avancements seront exposés selon la classification des 4 grands axes de la stratégie (3PR). Dans le cadre de ce travail, le volet poursuite sera spécialement développé, car la coopération entre les services de renseignements en lutte antiterroriste représente le cœur de cet axe de poursuite.

---

[61] Communication de la Commission au Parlement européen et au Conseil du 20 juillet 2010 — La politique antiterroriste de l'UE : principales réalisations et défis à venir [COM(2010) 386 final – non publiée au Journal officiel].
http://europa.eu/legislation_summaries/justice_freedom_security/fight_against_terrorism/jl0041_fr.htm
[62] Le programme de Stockholm établit les priorités de l'Union européenne (UE) dans le domaine de la justice, de la liberté et de la sécurité pour la période 2010-2014. http://europa.eu/legislation_summaries/justice_freedom_security/fight_against_terrorism/jl0034_fr.htm

a. Prévention

La décision-cadre de 2002 relative à la <u>lutte contre le terrorisme</u> a été évaluée et remise à jour en 2008. Depuis son introduction en 2002 à la suite des attentats du 11 septembre, cette décision-cadre a été transposée dans une bonne partie des États membres[63]. Un des apports le plus importants de cette décision-cadre, la définition commune du terrorisme, a été transposé en droit national dans toute l'Europe à l'exception de 7 États membres[64].

Concernant la lutte contre la <u>radicalisation et le recrutement</u>, un plan d'action et un plan de mise en œuvre concret ont été adoptés en 2009. Une des mesures a été la mise sur pied d'un réseau européen d'experts en matière de radicalisation (ENER). Ce réseau sert également de plateforme de dialogue entre les milieux universitaires et les décideurs politiques.

Pour ce qui est des défis futurs, la communication relève que les implications nationales en matière de lutte contre la radicalisation et le recrutement doivent être renforcées. Enfin, l'accent devra être mis sur le suivi de l'utilisation d'internet à des fins de recrutement ou de propagande.

b. Protection

Les avancées en termes de protections ont été importantes depuis 2005. Si les Systèmes d'Information Schengen seconde génération (SIS II) et le système d'information sur les visas (VIS) ne sont toujours pas opérationnels, de gros efforts ont été entrepris concernant la sécurité aux frontières et la gestion intégrée des passeports biométriques.

Un plan d'action a été mis en place en 2008 concernant la sécurité des explosifs et la surveillance des matières à doubles usages[65] pouvant intervenir dans la fabrication d'explosifs.

Concernant les mesures à prendre dans le futur, il conviendra de se focaliser sur la protection des transports (notamment terrestres).

c. Poursuite

Deux décisions-cadres ont été adoptées et doivent être mentionnées.

La première concerne <u>l'approfondissement de la coopération transfrontalière</u>. Elle a été actée par une décision du Conseil le 23 juin 2008. Cette coopération transfrontalière repose sur quatre axes principaux[66] :

---

[63] Pour plus de précision : Rapport de la commission fondé sur l'article 11 de la décision-cadre du Conseil du 13 juin 2002 relative à la lutte contre le terrorisme. 06.11.2007 ref : COM(2007) 681. http://eur-lex.europa.eu/LexUriServ/LexUriServ.do?uri=CELEX:52007DC0681:FR:NOT
[64] À savoir l'Allemagne, l'Italie, la Lituanie, le Luxembourg, la Pologne, la Slovénie et le Royaume Unis.
[65] Biens ou technologies susceptibles d'être utilisés aussi de façon civile ou militaire. Des composants chimiques d'une bombe artisanale par exemple.

o Accès automatisé aux données biométriques[67] et à certaines données nationales relatives à l'immatriculation des véhicules.

o Transmission de données en rapport avec de manifestations de grandes envergures.

o Transmission d'informations en vue de prévenir les infractions terroristes.

o Autres mesures destinées à approfondir la coopération policière transfrontalière.

Il est à noter que lors de la transmission d'informations concernant un individu par un État à un autre État requérant la règle du tiers peut être invoquée par l'État « donneur » et est prévue dans la décision.

La seconde décision-cadre concerne la <u>simplification de l'échange d'informations entre les services répressifs.</u>[68].

Cette décision-cadre prévoit que les échanges d'informations peuvent avoir lieu à travers les canaux de coopération internationaux classiques ou bien en bilatéral. Les règles de protection des données seront celles du canal d'échange utilisé.

Cette décision-cadre apporte trois avancées importantes en matière de coopération.

o Elle impose un délai de réponse de l'Etat requis à l'Etat requérant si sa demande est conforme. Ce délai est d'une semaine et est ramené à 8h en cas d'urgence.

o Elle impose également que la transmission de renseignements entre les services répressifs d'États membres différents ne soit pas plus stricte que la communication d'informations entre les services répressifs d'un même État.

o Elle prévoit enfin une possibilité d'échange spontané.

Cette décision-cadre, bien que représentant une avancée certaine, présente des limites importantes.

Cette décision-cadre n'impose pas au service requis de rassembler de l'information, mais juste de transmettre les renseignements qu'il possède déjà. De plus, le pays requis peut refuser que le renseignement qu'il a partagé soit utilisé dans une procédure judiciaire. Il est également à noter que la règle du tiers s'applique toujours, il faudra donc l'accord du service le plus haut dans la chaine de transmission du renseignement. Enfin, le service requis peut, sous certaines conditions[69], refuser la transmission d'informations.

Les autres avancées au niveau de l'axe *Poursuite* sont des améliorations qui ont été apportées à Europol, à Eurojust et à la coordination entre ces deux entités.

[66] Approfondissement de la coopération transfrontalière (décision Prüm) 23 juin 2008, http://europa.eu/legislation_summaries/justice_freedom_security/police_customs_cooperation/jl0005_fr.htm
[67] Profils ADN et données dactylographiques
[68] Simplification de l'échange d'informations entre les services répressifs, décision-cadre 2006-960-JAI du Conseil, 18-12-2006
http://europa.eu/legislation_summaries/justice_freedom_security/police_customs_cooperation/l14581_fr.htm
[69]Si cette transmission est susceptible de porter atteinte aux intérêts vitaux ou, au bon déroulement d'une enquête pénale ou encore, si elle est visiblement disproportionnée ou sans objet à la lumière du but exposé par le service répressif requérant. La demande peut également être rejetée si elle concerne une infraction punissable d'un an de prison au moins ou simplement si l'autorité judiciaire s'y oppose.

L'adoption de la directive concernant le blanchiment des capitaux ainsi qu'un règlement sur les contrôles des flux d'argent liquides entrants ou sortant de l'UE complète la palette des capacités de poursuite dont se dote l'UE.

Les mesures futures concernant cet axe seront décrites plus loin.

d. Réaction

La clause de solidarité exposée plus haut constitue la base de la réaction qui sera *de facto* européenne.

Le principal instrument de réaction à une attaque terroriste est le mécanisme européen de coopération pour la protection civile[70]. Ce mécanisme prévoit des mesures de veilles opérationnelles en prévision de catastrophe d'origine naturelle ou humaine. Il met également en œuvre un centre de réaction aux urgences. Véritable organe opérationnel du mécanisme, le MIC[71], basé à la commission à Bruxelles, servirait de quartier général en cas de catastrophe majeure.

En ce qui concerne la préparation aux risques CBRN[72], l'UE a adopté en 2009 le plan d'action de l'UE dans le domaine de la sécurité CBRN.

En ce qui concerne les développements futurs dans cet axe, l'accent sera mis sur une évaluation opérationnelle du mécanisme européen de coopération pour la protection civile.

3.3 ETAT DES LIEUX DE L'APPAREIL EUROPÉEN

Il existe plusieurs autres agences et institutions qui participent à la lutte contre le terrorisme dans la sphère européenne. L'European Union Satellite Center, EuroJust et le Collège Européen de Police (CEPOL) sont autant d'entités qui sont en tout ou en partie dédiés à cette cause. Trois entités seront exposées dans ce chapitre, il s'agit d'Europol, du SitCen et du Club de Berne.

Ces organisations ont été choisies à cause de leur rôle important dans le processus d'intégration des moyens sécuritaires des États membres.

3.3.1 EUROPOL

L'office Européen de police est instauré par la Décision 2009/371/JAI du Conseil du 6 avril 2009.

Cette décision institue l'Office européen de police (Europol) en vue de soutenir et de renforcer la coopération mutuelle entre les États membres dans la prévention et la lutte

---

[70] Mécanisme de Coopération pour la protection civile,2007/779/CE, 8/11/2007 http://europa.eu/legislation_summaries/justice_freedom_security/fight_against_terrorism/l28003_fr.htm
[71] Monitoring and Information Center
[72] Chimique, Biologique, Radiologique et Nucléaire

contre le terrorisme, la criminalité organisée et d'autres formes graves de criminalité. Europol siège à La Haye, Pays-Bas, et a la personnalité juridique.

Europol est compétent dans des situations affectant deux États membres ou plus, de sorte qu'une action commune s'impose pour lutter contre la criminalité organisée, le terrorisme et d'autres formes graves de criminalité. Sa compétence couvre également les infractions connexes[73].

Cette décision assure la création d'Europol comme entité de l'Union Européenne chargée de coordonner la coopération entre les États membres en matières répressives. En matière de statut, le fait de devenir une entité de l'Union implique que le financement d'Europol sera dorénavant communautaire et plus intergouvernemental. Europol est, depuis le 1er janvier 2010, une véritable agence de l'Union[74].

Cette dernière décision remplace la convention de 1995 qui donna naissance à l'Europol. Le prédécesseur de l'Europol était le groupe TREVI[75] crée en 1975 pour lutter contre le terrorisme (à l'époque principalement d'extrême gauche) qui sévissait sur le territoire de la CEE de l'époque.

Les dernières fonctions d'Europol telles qu'exposées par les documents européens sont les suivantes :

- collecter, stocker, traiter, analyser et échanger des informations;

- informer les États membres des liens entre les infractions pénales qui les concernent;

- assister les États membres dans le cadre d'enquêtes et leur fournir des renseignements et une aide à l'analyse;

- demander aux États membres d'ouvrir, de mener ou de coordonner des enquêtes dans des affaires précises et suggérer la constitution d'équipes communes d'enquêtes;

- préparer des évaluations des menaces et rédiger d'autres rapports.

Chaque État choisit une entité nationale qui constituera le seul organe de liaison entre Europol et l'État membre. Ces entités sont généralement des services de coordination nationale.

---

[73]Définition officielle de l'UE : Office européen de police – Europol http://europa.eu/legislation_summaries/justice_freedom_security/fight_against_terrorism/jl0025_fr.htm
[74] En 2010, Europol deviendra une agence Européenne. 13 juin 2008. http://www.secunews.be/news.asp?ID=364 consulté le 7 juillet 2011.
[75] Pour 'Terrorisme, Radicalisme, Extrémisme, Violence Internationale'

Chacune de ces entités va détacher un ou plusieurs officiers de liaison à Europol. Ces équipes constitueront les bureaux nationaux de liaison. Europol est constitué des équipes de ces bureaux nationaux de liaison qui sont renforcées par 65 analystes permanents[76].

La fonction de ces officiers de liaison est double :

- Ils servent de point d'entrée pour l'apport d'information provenant du pays duquel ils sont détachés à destination d'Europol. Ces informations peuvent être envoyées sur l'initiative de l'Etat ou bien suite à une demande précise d'Europol.
- Ils sont également responsables de transmettre les renseignements qui circulent dans le système Europol à leur pays d'origine. Toujours en respectant la règle du tiers.

Dans les fonctions d'Europol, il est également prévu que l'agence doit encourager la création d'équipes communes d'enquête et il est important que le personnel d'Europol puisse participer à ces équipes. Les équipes communes d'enquête sont définies par la législation européenne comme étant :

« Des unions ayant pour but de conduire des enquêtes pénales dans des États membres, qui demandent une action coordonnée et concertée, au moins deux États membres peuvent créer une équipe commune d'enquête. Les autorités compétentes des États membres concernés concluent à cette fin un accord commun qui définit les modalités de l'équipe commune d'enquête. Toutes les infractions pénales peuvent justifier la création d'une équipe commune d'enquête. L'équipe commune d'enquête doit être limitée dans un objectif précis et dans le temps. »[77]

Ce système d'échange repose sur une base de données qui est continuellement remplie et consultée par les membres d'Europol. Ce système baptisé TECS (The Europol Computer System) est subdivisé en deux systèmes.

Le premier étant le SIE (Système d'Information Europol) qui rassemble des données sur des individus ou des groupes suspectés d'être liés à des activités qui tombent sous la juridiction criminelle européenne. Les informations présentes dans le SIE sont de tous types. Il peut s'agir de données brutes[78] et basiques qui servent à l'identification des groupes ou des individus et des crimes qui leur sont reprochés.

Le deuxième réseau est une base de données comportant des « Fichiers de travail à des fins d'analyse ». Ces renseignements sont échangeables dans les mêmes conditions que les informations issues du SIE. Ces fichiers peuvent être ouverts par Europol pour assembler, traiter ou utiliser des données nécessaires en appui aux enquêtes pénales.

---

[76] J.I.Walsh, opcit, p.93
[77] Équipe commune d'enquête, décision-cadre 2002/465JAI. http://europa.eu/legislation_summaries/other/l33172_fr.htm
[78] Noms, date et lieu de naissance, nationaliste…

Outre les données relatives aux personnes qui ont commis ou qui sont suspectées d'avoir commis une infraction, les fichiers peuvent contenir des données sur les témoignages, les victimes et les contacts et associés de l'auteur de l'infraction[79].

Depuis 2004, la Counter-Terrorist Task Force est redevenue un département indépendant d'Europol.

3.3.2 SITUATION CENTER (SITCEN)

Le Situation Center (SitCen) a été mis sur pied en 1999 à l'initiative personnelle de J. Solana lors de son entrée en fonction en tant Haut Représentant de la PESC. Tout droit issu de l'OTAN, il voulait que son département possède une cellule de veille stratégique qui produirait des rapports quotidiens[80]. Le SitCen s'est progressivement étoffé, accueillant des officiers de liaison des différents États membres. Dans la foulée des évènements de Madrid en 2004, tout comme Europol, le SitCen se dote d'une unité de lutte antiterroriste.

L'objectif principal du SitCen est de fournir une analyse sur des sujets relatifs aux intérêts européens en termes de sécurité aux décideurs politiques de l'UE. L'ambition finale étant de devenir la plateforme d'échange d'informations pour les services de renseignement (civiles et militaires) des États membres. Initialement, la mission de lutte anti terroriste du SitCen était de compiler et de recouper les informations lui parvenant par 2 voies principales :

a. Contributions des Etats membres

Via les rapports diplomatiques ou les renseignements collectés par les agences de renseignements nationales. Il est important de noter que la transmission d'informations par un État membre au SitCen se fait sur une base volontaire.

b. Contribution via d'autres organes de l'UE

Notamment via Europol, le SatCen ou encore n'importe quelles agences/institutions de l'UE. Il faut souligner l'importance des informations relevant de la classe OSINT, le SitCen ayant pour mission de fournir des analyses complètes sur de sujets variés ne relevant pas toujours d'un haut niveau de classification.

Le SitCen siège également au sein du Club de Berne qui sera exposé ci-après.

Depuis le 27 juillet 2010, le SitCen, qui comme l'Europol a accédé au stade d'agences officielles de l'Union Européenne, a été intégré au Service Européen pour l'Action Extérieure qui a été mis sur pied comme cela était prévu par le traité de Lisbonne.

---

[79] Définition officielle de l'UE : Office européen de police opcit.
[80] J.Rüter, opcit p.17

41

Fort maintenant de plus d'une centaine de collaborateurs[81] renforcés par des officiers de liaison provenant des États membres, le SitCen collaborerait étroitement avec les membres de la division renseignement de l'État Major de l'Union Européenne. Le SitCen serait également en relation étroite avec le *Watch-keeping Capability* et le *Commission Crisis Group*. Ces deux agences seraient en charge du soutien en renseignement des missions militaires et de police entreprise par l'Union en dehors de ses frontières pour la première et responsables de la veille stratégique concernant les conflits mondiaux en se basant sur des renseignements de type OSINT et issus des délégations diplomatiques de l'UE. Selon certaines sources[82], Mme Ashton aurait émis le souhait de fusionner ces 3 entités, ce qui pourrait représenter un pas vers la création d'une importante agence de renseignement au niveau européen.

Toutefois, au vu de la relative nouveauté de ces informations ainsi qu'à la confidentialité qui entoure les informations relatives à cette agence de l'Europe, il est difficile d'être plus précis quant à ses fonctions et ses compétences exactes depuis les changements liés à l'adoption du traité de Lisbonne. Il est semble toutefois possible d'affirmer que quelque soit la nature des changements qu'a subi le SitCen, ces changements auront certainement renforcé son autonomie est ses domaines de compétences.

3.3.3 CLUB DE BERNE

Ce groupe très confidentiel rassemble les directeurs des services de sécurité et de renseignements européens de manière annuelle depuis 1971[83]. À la différence des agences présentées auparavant, le Club de Berne est un groupe informel se situant en marge des institutions européennes.

Ce groupe informel est composé des directeurs des services de tous les pays européens. Y siègent également des officiers de liaison suisses, norvégiens et du SitCen[84].

Le Club de Berne joue un rôle de forum d'échange volontaire sur des questions de sécurité. Les sujets abordés sont multiples : Terrorisme, interceptions électroniques, cryptologie, cyber terrorisme... Ce Club sert également de think tank pour des thèmes plus organisationnels comme les questions d'échanges de renseignements entre pays membres, les nouveaux défis représentés par l'élargissement de l'Union Européenne.

Toutefois, les informations échangées au sein du Club de Berne (à la différence de ce qui se passe au GAT) ne semblent pas être de nature opérationnelle, mais semblent être plus globales, doctrinales[85].

---

[81] EU diplomats to benefit from new intelligence hub, euobserverver.com, mis en ligne le 22/02/2010
http://euobserver.com/9/29519

[82] Ibidem
[83] J.Baud, opcit, p.262
[84] Département fédéral de justice et de police, Office fédéral de police *'Réunion du Club de Berne en Suisse'*,
Communiqués   aux   médias   2004,   28/04/2004
http://www.ejpd.admin.ch/ejpd/fr/home/dokumentation/mi/2004/ref_2004-04-28.html

À la suite des attentats du 11 septembre, un Groupe Anti-Terroriste (GAT) est créé. La fonction de ce GAT est d'étendre et d'approfondir la coopération opérationnelle et l'échange de renseignements entre les services de renseignements européen. Le GAT, tout comme le Club dont il dépend, est tout à fait indépendant des structures européennes[86]. Toutefois, le GAT a été mandaté à de nombreuses reprises par l'Union Européenne afin de produire une analyse de la menace sur une thématique précise.

En 2003, le Club de Berne est mandaté par l'Europe pour former les futurs membres de la Counter Terrorists Task Force d'Europol et pour établir un recueil des connaissances en la matière à l'intention des nouvelles agences européennes.

Depuis 2004, le GAT sert d'interface entre l'UE et les directeurs des services de renseignements et de sécurité. « Le GAT va dès lors jouer un rôle important en appliquant les mesures correspondantes de la Déclaration du Conseil européen sur la lutte contre le terrorisme ».

Il est à noter que certaines des sources[87] consultées affirment que le Club de Berne ne traite plus des questions de lutte contre le terrorisme. Cette tâche aurait été reprise par le Club de Madrid. Cette organisation aurait été créée il y a peu, elle se réunirait de façon bisannuelle et serait composé des directeurs des organes de coordination de lutte contre le terrorisme au niveau national[88].

3.4 POURQUOI L'EUROPE DOIT-ELLE CONTINUER À COOPÉRER DANS LA LUTTE CONTRE LE TERRORISME?

Pourquoi l'Union Européenne doit-elle adopter une approche globale de la sécurité ?

T. Coosemans[89] résume en 3 points, les principales raisons qui font de l'intégration de l'approche sécuritaire une condition *sine qua non* à l'adaptation de l'Europe dans le nouvel environnement mondial.

Premièrement, le crime organisé s'est diversifié dans ses formes : traite des êtres humains, trafic en tout genre, blanchiment des capitaux... sont autant de menaces auxquelles il faut ajouter la menace terroriste. Certains experts évoquent déjà les spectres du terrorisme au moyen d'armes de destruction massive ou du cyberterrorisme.

Deuxièmement, la mondialisation ou les biens, les personnes et les capitaux circulent de façon de plus en plus rapide et sans tenir compte des frontières, donne une dimension nouvelle aux menaces sur la sécurité. Jouant avec ce système, les acteurs et leurs instruments menaçant la sécurité européenne se protègent de toute interception.

---

[85] J.I. Walsh, opcit, p.95
[86] European Counter Terrorism meeting, news room of MI5, 2009, https://www.mi5.gov.uk/output/news/european-counter-terrorism-meeting.html
[87] Notes d'entretien du 20 avril 2011 avec un membre du personnel de l'UCLAT.
[88] UCLAT en France, OCAM en Belgique...
[89] T. Coosemans, opcit, p.6

Enfin, les attentats du 11 septembre à New York, mais aussi ceux du 11 mars 2004 à Madrid et du 7 juillet 2005 à Londres ont fait prendre conscience au monde que la distinction jadis établie entre notre « sécurité intérieure » et notre « sécurité extérieure » n'était plus pertinente.

Seule une approche globale, menée au niveau de l'Union européenne est capable d'appréhender le problème dans sa nouvelle dimension.

John M. Nomikos[90] mentionne d'autres raisons qui devraient inciter l'Europe à mettre en place un système intégré de lutte contre le terrorisme. Selon lui, la position géographique de l'Europe est à prendre en compte. En effet, la proximité immédiate du Maghreb du Moyen-Orient et des anciens satellites de l'URSS va affecter l'élargissement de l'Europe en termes de risques sécuritaires, l'auteur considérant ces zones comme instables. Nomikos insiste sur les menaces potentielles posées par la réémergence de groupes fondamentalistes dans tous les pays nord-africains (AQMI) ainsi que les risques pesant sur les tendances démographiques suite au flot d'immigrants illégaux venu du Maghreb ou des pays de l'Est.

Il est clair que la position géographique de l'Europe est à prendre en compte et que sa proximité quasi directe avec ces zones ou couvent des conflits représente une menace. Néanmoins, les récents évènements en Afrique du Nord peuvent faire espérer une tendance à la baisse en ce qui concerne la radicalisation, et certaines nouvelles directives européennes régulant les flux migratoires devraient permettre une meilleure gestion de cette problématique.

Selon James I. Walsh[91] *« Depuis le début des années 90, deux séries de développements ont crée des incitants plus importants pour les États membres à coopérer »*

Les premiers développements auxquels Walsh fait références sont ceux résultant de l'application de la libre circulation des biens et des personnes au sein de l'espace européen. Ses conclusions rejoignent celles de Coosemans en les précisant.

Selon lui, cette intégration engendre quatre défis significatifs pour les États membres.

➢ Cette suppression des frontières accorde une plus large marge de manœuvre aux groupes criminels, les autorisant à élargir leur échelle d'actions sur le territoire européen sans crainte de se faire détecter à l'intérieur des frontières de l'UE.

➢ Le corolaire de la menace énoncée ci-dessus est que cette libre circulation des biens et des personnes diminue les chances d'interception des biens trafiqués. Que ce soit des personnes, de la drogue ou des armes de destruction massive.

---

[90] J.M.Nomikos, *'A European Union Intelligence Service for Confronting Terrorism'* International journal of intelligence and counterintelligence, 2005, 18:2, 191-203
[91] Traduction de J.I. Walsh, *'Intelligence sharing in the European Union: Institutions are not enough'* JCMS, 2006 Vol 44, N°3 pp 625-643.

➢ L'introduction d'une monnaie unique et la création d'un marché commun rend les opérations de blanchiment et de transferts illicites moins visibles dans cette énorme masse monétaire.

➢ La liberté de circulation facilite la fuite des terroristes qui auraient perpétré un attentat dans un pays, vers un autre pays de l'Union Européenne. La communication entre différents groupes durant les phases de programmation et de planification est aussi facilitée par l'ouverture de l'espace européen.

L'auteur identifie comme deuxième incitant majeur à l'échange de renseignements entre pays européens, le développement d'une politique de sécurité et de défense commune. Amorcée en 1998 par Mr Blair et Mr Chirac au sommet de St-Malo et réaffirmée à de multiples reprises avant d'être officiellement codifiée dans le traité de Lisbonne, cette volonté d'intégration d'une capacité militaire implique forcément, selon l'auteur, le « *développement de structures appropriées ainsi que de capacités d'analyses de la situation, des sources de renseignement et une aptitude de planification stratégique cohérente* »[92]

Cet état de fait était déjà évoqué en 2000 par Charles Grant lorsqu'il affirmait qu'« *À moins d'un partage de renseignement entre les gouvernements développé au plus haut niveau, la PESC resterait à un état "embryonnaire* "[93]

Une dernière raison qui devrait être vue comme une incitation pour les différents membres de l'Union Européenne réside dans le risque d'une certaine mutualisation de la menace portée à l'Europe.

En effet, les différentes intégrations, tant économiques que politiques, ainsi que la volonté croissante (bien que non aboutie) de l'Europe de s'exprimer d'une seule voix sur la scène internationale, ont mené à une vision globalisante par les groupes terroristes transnationaux de l'Europe en tant qu'ennemi. Les différences qui pouvaient être exprimées entre certains États membres tendent à s'estomper. Cela signifie que certains États peu ou pas préparés à une menace terroriste, et qui ne mettent en œuvre que peu de moyens destiné à la lutte contre cette menace, pourraient devenir des cibles aisées pour des groupes souhaitant toucher l'Europe et ce qu'elle représente à des coûts assez réduits.

Cela représente une raison supplémentaire, surtout pour les petits États ou ceux qui n'ont pas 'd'histoire terroriste', pour intégrer le plus pleinement possible les mécanismes de lutte contre cette menace.

Cette relative mutualisation de la menace peut-être étudiée à travers le prisme du complexe de sécurité de l'École de Copenhague[94]. Ce concept pose qu'une certaine relation d'interdépendance se crée au sein d'un groupe régional d'État face à un ami/ennemi commun. Comme cela a été mentionné ci-dessus, les perceptions de la menace terroriste

---

[92] Ibidem
[93] C.Grant *'Intimate relations-Can Britain play a leading role in European defence-and keep its special links to US intelligence"* Working paper of the center for European reform, London, 2000 p.1
[94] Cf supra

sont différentes selon les États. Et c'est tout à fait logique, car la menace n'est pas équivalente pour tous les États européens. L'engagement en Afghanistan ou au Liban, la présence d'une législation régissant le port du voile, de la burqa ou du niqab , le passé colonial de l'État, la position de l'État face à l'Islam, présence sur le sol national de groupes indépendantistes, nationalistes, idéologiques, sectaires ou religieux... Sont autant de raisons qui définiront la menace pesant sur chaque État.

Cependant, si chacun des États membres ne subit pas la même menace directe, les effets indirects d'un attentat dans l'un des États de l'Union Européenne auraient des répercussions plus ou moins importantes pour l'ensemble des États membres. En effet, les conséquences d'un attentat terroriste pour les autres États européens sont multiples et peuvent être étudiées en deux temps.

A très court terme :

- Certaines victimes proviendront certainement d'un pays tiers que celui visé. L'extrême mobilité des personnes en Europe combinée au fait que les cibles des attentats sont généralement des lieux touristiques ou des infrastructures de transport de personnes, implique que la probabilité de présence de ressortissants étrangers est très importante. Les pays d'origine des victimes seront donc directement concernés.

- L'attaque d'un moyen de transport ou d'une gare ou d'un aéroport peut causer des perturbations importantes sur le réseau européen, particulièrement s'il s'agit d'une attaque contre des moyens aériens. La fermeture de l'espace aérien américain au lendemain du 11 septembre avait provoqué des perturbations très importantes, même pour l'Europe.

- Si les risques d'un attentat de type CBRN[95] ne sont pour l'instant que potentiels, il est clair que les répercussions de ce type d'attaques risquent de dépasser les frontières étatiques et toucher un certains nombres d'Etats membres.

- Enfin, les attaques sur des réseaux de distribution de matières premières (eau, gaz, électricité, pétrole,...) représentent une menace qui toucherait directement un grand nombre d'Etats européens.

A moyen ou long terme :

- Assez rapidement à la suite des attentats, les forces de sécurité du pays touché demanderont toute la collaboration des agences et services de sécurité et de renseignement européens dans le but de retrouver et d'appréhender les responsables. L'Europe étant un espace ouvert, il est plus que probable que les auteurs de l'attaque aient profité de soutien (financier, logistique, ...) provenant d'un ou de plusieurs individus se trouvant sur le territoire d'un autre Etat membre.

---

[95] Chimique, Biologique, Radiologique, Nucléaire

Le mandat d'arrêt européen (cf infra). En tout état de cause, les services des pays impliqués devront collaborer étroitement.

- Des perturbations sur les marchés économiques européens peuvent survenir à la suite d'un attentat d'une grande ampleur.

- Des nouvelles mesures antiterroristes (et donc potentiellement liberticides) seront rapidement prises au niveau européen. Les Etats membres seraient censés les appliquer rapidement.

- Enfin les attentats revendiqués par des groupes islamistes renforcent les sentiments xénophobes vis-à-vis des populations musulmanes. C'est ainsi que les montées de l'extrême droite dans les pays d'Europe de l'Est peuvent être expliquées en partie par les attentats de Madrid et de Londres[96].

Ces raisons semblent suffisantes pour appliquer le concept de complexe de sécurité à l'Union Européenne en termes de définition d'un ennemi commun.

3.5 OBSTACLE AUXQUELS L'EUROPE DOIT FAIRE FACE

«Les plus grands États européens gardent jalousement leurs capacités de renseignement, incluant les capacités de contre-terrorisme, comme une part inaliénable de leurs souverainetés nationales. Ce sont les 'petits' États européens, certains ne possèdent même pas d'agences de renseignements, qui veulent une diffusion du renseignement concernant les groupes terroristes et la menace qu'ils représentent de la part des 'grands pays»[97]

Cette assertion par un diplomate européen en 2004 reflète le problème principal auquel l'Europe doit faire face. Cette volonté d'intégration plus rapide et plus aboutie par les 'petits' pays s'oppose à l'aversion plus ou moins brutale des 'grands' pays de l'UE. Cette tendance n'est pas nouvelle et encore moins cloisonnée aux questions concernant la coopération en matière de lutte antiterroriste, elle peut être généralisée à toutes les questions entrainant *de facto* une perte de souveraineté par un État au profit de l'Europe. Cette aversion des grands pays est d'autant plus importante lorsqu'il s'agit d'une perte de souveraineté sur des compétences considérées comme spécifiquement régalienne, car étroitement liées aux capacités militaires et policières. Ces compétences relevant de l'intérêt national sont considérées comme des chasses gardées, des 'prés carrés' intouchables et prenant l'ascendant sur les intérêts communautaires.

Il semble intéressant de recouper certains éléments constituants les obstacles généraux à la coopération avec les réalités Européennes perçues par les 'grands' États.

---

[96] Conclusion du Sommet Européen de Madrid instituant une stratégie européenne de lutte contre le terrorisme, 2005 in Certificate on Terrorism Studies by P.Wilkinsinson, St Andrews University
[97] Traduction de P. Tyler « EU aides reject a CIA for Europe » International Herald Tribune 20 mars 2004

3.5.1 Approche Pratique

a. Obstacle Technique

Un obstacle technique qui peut paraitre trivial, mais qui engendre déjà (alors que l'intégration n'en est qu'à ses balbutiements) des coûts importants aux niveaux européens et nationaux est la traduction de tous les renseignements dans une langue compréhensible pour les analystes du SitCen ou d'une future agence de renseignement européen.

Si le choix du français et de l'anglais (langue de travail privilégiée au sein des institutions européennes) semble assez évident, la traduction effective de toutes les données dans ces deux langues est un travail gigantesque qui demande la mise en place de moyens très importants.

D'autres problèmes de compatibilité des procédures et des systèmes informatiques et de communications sont également à prendre en compte.

De tous les obstacles à la coopération que l'Europe peut rencontrer, celui-ci semble être le plus facilement surmontable. Même si la standardisation des procédures, des plateformes de communications et des transmissions de données engendrerait un coût relativement important, cette standardisation n'empièterait sur aucun domaine réservé à la compétence souveraine de l'État. Il est envisageable et judicieux de décider rapidement de 'comment' (sur quelle base technique et pratique) l'Europe coopérerait avant même de se poser les questions du 'sur quoi', 'avec qui', 'pour quoi'...

b. Obstacles institutionnels

Les risques posés par le phénomène de 'stovepiping' au niveau interne d'un pays sont évidemment présents en coopération internationale. Dans ce cas précis, la distinction 'petits/grands' pays ne rentre pas en ligne de compte. Néanmoins, il est clair que la lenteur bureaucratique caractéristique du système européen est tout à fait incompatible avec les impératifs de réactivité et de rapidité de coopération des services de renseignement, à fortiori en matière de lutte antiterroriste. Selon certains analystes, cette léthargie bureaucratique, imposée par un système décisionnel intergouvernemental ou communautaire réduirait considérablement les perspectives de coopération en termes de renseignement.

Même s'il reste exact, cet argument doit être nuancé. L'article a été écrit en 2000 lorsque les changements, dans les mentalités et dans les institutions, engendrés par le 11 septembre n'étaient pas imaginables. De plus, l'auteur suppose que le cadre dans lequel se dérouleraient ces échanges serait l'UEO, avec un contrôle 'législatif' de la part des institutions européennes.

Or, dans la configuration actuelle, le rôle de l'UEO a été considérablement amoindri (voir réduit à néant) par la mise en place fonctionnelle des organisations relatives à la PSDC[98]. Cette structure offre un cadre de travail nettement plus cohérent, car plus directement reliés, à une éventuelle intégration des services de renseignement et laisse entrevoir des perspectives concrètes de coopération.

c. Obstacles de sécurité

Au niveau européen, le risque de fuite et de non-respect (volontaire ou non) de la règle du tiers a été largement augmenté par l'entrée, en 2004, d'une partie des anciens pays satellites soviétique dans le giron européen. Une des principales causes de méfiance de communautarisation de tout ou partie des renseignements au niveau européen vient du fait de l'accès à ces pays à tous les documents qui seront distribués au niveau européen.

La raison de cette méfiance est qu'il est notoire que les services de renseignement de ces pays sont plus ou moins infiltrés par des personnes travaillant pour le FSB[99] (ex-KGB). Il est en effet estimé que les services de renseignement russes se sont développés dans cette région depuis la chute de l'Union Soviétique, mais aussi depuis l'accession de ces pays à l'Europe et à d'autres organisations occidentales considérées comme hostiles par Moscou (par exemple l'OTAN). De plus, les régulières révélations publiques stipulant que les services de renseignement de ces pays soient infiltrés peuvent servir les intérêts russes, car ces allégations discréditent les gouvernements de ces pays et leur rendent l'accession à l'OTAN ou à d'autres organisations européennes plus ardue. Cette thèse est confortée par le fait que les délégations diplomatiques russes dans certains de ces pays de l'Est ont été augmentées en nombre de manière importante ces dernières années, ce qui donne un poids supplémentaire aux allégations d'espionnage par les services russes[100].

De plus, l'imbrication avérée de membres influents du milieu de la criminalité organisée au sein des gouvernements et des services de renseignements constitue également un grave risque sécuritaire[101].

Cependant, certains spécialistes optimistes considèrent au contraire que la diffusion au sein de plusieurs agences renforcera la sécurité. Selon eux *'Tout laisse croire qu'avec la multiplication des échanges de renseignements, les risques potentiels tendront à augmenter, ce qui créera des réticences vis-à-vis de ces échanges'* néanmoins, ils estiment à contrario que *'plus les agences impliquées sont nombreuses, plus les contrôles de sécurités se multiplient d'autant que la sécurité de l'information n'est pas une fin en soi : elle est une fonction de sa diffusion appropriée'.*

---

[98] Comité militaire de l'UE, Agence Européenne de Défense, État-major de l'UE...
[99] J.Rüter opcit p.27
[100] J.Bugajski « *Russian interests in the new eastern europe* » D.W. Treadgold paper presentation at the Henry M.Jackson school of International studies, University of Washington, 2002, p.8
www.csis.org/ee/Presentations/Bugajski020429.pdf
[101] J.Baud opcit p.289

Si cette assertion est à replacer dans son contexte (rapport sorti en 1998, le risque sécuritaire posé par les nouveaux États membres n'existait pas encore concrètement), elle semble cependant soulever un débat intéressant quant à l'utilisation du 'tout secret' par les services.

d. Complexe de supériorité

Selon Nomikos[102] les services de renseignements des grands pays sont connus pour avoir à leur tète des directions plutôt conservatrices adoptant une lecture réaliste des potentialités offertes par une coopération internationale. Cette attitude entraine une certaine méfiance vis-à-vis des capacités d'autres services de renseignements et induit une croyance selon laquelle il vaut toujours mieux se baser sur le travail de ses propres services.

Le corollaire de cette vision est que les perspectives de coopération avec d'autres services seront considérées comme des '*Jeux à sommes nulles*'. Les organisations ou États adoptant cette position seront donc assez logiquement en défaveur d'une approche coopérative dans l'intégration des services.

Problématique des relations privilégiées

Une relation particulière avec un autre État peut également être considérée comme un obstacle à une intégration des services de renseignements. Les relations privilégiées entre les États-Unis et les Royaumes Unis sont, à cet égard, un exemple en la matière. Il n'est pas tout à fait exact dans ce cas de parler de complexe de supériorité, mais plutôt de dilemme engendré par le choix à faire entre une intégration des capacités de renseignement ou une continuité relationnelle avec un allié traditionnel leader dans le domaine.

En clair, certains spécialistes britanniques sont persuadés que l'intégration dans une potentielle 'communauté du renseignement européen' leur posera certains problèmes au regard de leurs relations spéciales avec les États-Unis. Les mêmes obstacles généraux à la coopération se retrouveraient entre le nouveau système dans lequel les Britanniques seraient intégrés et les nombreux accords bilatéraux que ces derniers entretiennent avec les États-Unis. Qu'en serait-il de la protection des sources ? Quelles seraient les règles de base concernant le partage de renseignements ? Dans quelle mesure serait-il échangé et avec qui ?

Les Britanniques sont donc inquiets de l'évolution de la coopération européenne à ce sujet, car ils considèrent que cette tendance entrainera de manière proportionnelle une diminution de leurs accès privilégiés à des données issues des services américains.

En effet, il parait assez clair que les services américains deviendraient assez méfiants et que les échanges de renseignements avec les services britanniques se tariraient à cause du

---

[102] Nomikos. J opcit p.197

risque de transfert d'un renseignement dans le système européen et l'impossibilité de contrôle par les américains du respect de la règle du tiers.

Néanmoins, ces questions restent de moindre importance pour l'instant dans la mesure où l'intégration européenne semble encore assez loin d'être assez aboutie que pour entrer en concurrence avec le niveau de collaboration RU-USA[103].

Certains autres obstacles à l'intégration des en matière de lutte antiterroriste méritent d'être relevés ici. Bien que plus globales, ces barrières agissent indirectement sur la coopération, car elles freinent l'européanisation d'une vision et d'une politique commune en matière de prévention et de répression de la menace terroriste.[104]

e. Définition commune du terrorisme

La définition du terrorisme, qui peut être vue comme la base des avancées du Conseil européen de Gand du 19 octobre 2001 et qui fut transposée par la signature de la décision-cadre du 13 juin 2002, n'est que partielle, car elle ne clarifie pas la notion de terrorisme, mais seulement les actes. À cet égard, cette définition se doit d'être clarifiée afin de pouvoir construire une législation spécifique complète pour lutter contre ce phénomène. Malheureusement, l'acceptation d'une définition plus complète représente une gageure importante à cause du manque de consensus entre les États membres. *'Ainsi, cette solution pragmatique ne propose qu'une approche partielle du phénomène du terrorisme. Les politiques antiterroristes sont par conséquent difficiles à définir, puisqu'elles ne s'attachent pas à un 'objet' cohérent et constitué.'*

f. Une multiplication des acteurs concernés

La prise de conscience du 11 septembre et l'augmentation exponentielle des mesures européennes de lutte antiterroriste qui suivit cet événement ont eu pour conséquence la création d'une multitude d'agences, d'organisations, de services et d'accords tant multilatéraux que bilatéraux, tant formels qu'informels. Dans cette jungle institutionnelle, il est difficile de délimiter clairement les compétences de chacune de ces entités.

Cette multiplication des acteurs encombre le secteur des politiques antiterroristes de l'Union Européenne. La nomination d'un coordinateur de lutte antiterroriste devait rationaliser cette situation. En effet, une de ses missions était d'offrir un cadre commun à tous ces acteurs afin d'éviter la duplication des efforts et de mieux intégrer les mesures prises par l'ensemble des entités liées à l'Union Européenne.[105]

---

[103] A.Politi, *'Why is a european intelligence policy necessary ?'* Chaillot paper, N°34, Dec 1998, WEU-Institute for security studies, Paris, pp 5-6
[104] Je reprendrai la classification de ces obstacles à M.Weisseling *'La coordination des politiques antiterroristes européennes : Mission impossible ?'* EIPASCOPE 2007/1. Pp. 19-23

[105] M.Weisseling, Opcit, p.21

g. Rivalités interinstitutionnelles

Un phénomène qui découle directement de l'obstacle exposé ci-dessus est l'instauration d'une certaine rivalité, concurrence entre les différentes entités. Les tensions sont provoquées par un manque de délimitation. Ce manque de délimitation est double, il concerne tout d'abord la délimitation entre les matières qui peuvent être traitées par les institutions européennes et celles réservées aux compétences nationales. Cette délimitation, bien qu'incertaine, est néanmoins jalousement protégée par les 'grands' États qui souhaitent se prémunir contre ce qu'ils conçoivent comme une perte de souveraineté. La deuxième délimitation à clarifier est bien sur celle concernant la responsabilité des institutions. Si le principe veut que la lutte contre le terrorisme soit traditionnellement affectée aux compétences relevant de l'autorité du Conseil, la Commission a acquis une certaine extension de son droit d'initiative et un rôle accru à travers le traité de Lisbonne.

Il est à noter que certaines frictions subsistent également à un niveau inférieur. En effet, une certaine rivalité entre agences s'est installée. En exemple citons la relation entre Europol et le SitCen[106] qui revendique tous les deux la compétence de fournir aux organes décisionnels de l'UE des analyses régulières de la menace basées sur des renseignements émanant des États membres.

h. L'ambivalence des Etats Membres

Les politiques antiterroristes au niveau européen sont gérées de manière intergouvernementale. À ce titre, elles restent donc des prérogatives nationales. Or, si le sentiment de solidarité internationale ressenti par tous les pays occidentaux après le 11 septembre ainsi qu'après les attentats de Madrid et de Londres, a permis de grandes avancées au niveau de la coordination des moyens de lutte antiterroriste au niveau européen, force est de constater que cette mobilisation générale s'estompe presque aussi rapidement qu'elle est apparue et que les considérations nationales prennent rapidement le pas sur les discours volontaristes. Ce comportement directement lié à l'actualité est fonction de la sensibilité du pays face à la question du terrorisme.

Comme signalé plus haut, chaque État européen a sa propre expérience vis-à-vis du terrorisme. En effet, près de 90 % des victimes liées au terrorisme européen se trouvent dans seulement 6 États membres[107]. Cette distribution inégale des perceptions au sein de l'espace européen influe donc sur les volontés de transposition plus ou moins rapide des décisions européennes en droit national.

---

[106] Situation Center Cf Inra
[107] Edwin Bakker, *Differences in terrorist threat perceptions inEurope*, dans: Dieter Mahncke and Jorg Monar (eds.), *International terrorism. A European response to a global threat?* , College of Europe Studies, n°3, pp. 47-62.

Selon Mara Wesseling, *'La politique antiterroriste est ambivalente dans la mesure où, d'une part, les dirigeants reconnaissent que le caractère international du terrorisme nécessite la coopération au-delà des frontières, mais où d'autre part, ils sont réticents à donner de réels pouvoirs et des ressources à l'Union Européenne pour la rendre véritablement efficace'*. Même si la volonté affichée de l'Union n'est pas de se substituer aux compétences nationales, mais bien d'apporter une plus-value aux moyens nationaux de lutte antiterroriste nationaux, on peut craindre, selon l'auteur *'qu'il faille attendre un attentat transfrontalier important pour que les États membres parviennent à dépasser l'ambiguïté liée à la délimitation des responsabilités européennes et nationales'*[108]

3.5.2 APPROCHE THÉORIQUE

Une lecture plus théorique des avantages et inconvénients d'une intégration peut apporter un éclairage utile sur la question. Les théories sont bien entendu généralisées aux questions d'intégration politique et ne portent pas uniquement sur la coopération entre les services. Cependant, elles peuvent être focalisées sur ces questions et expliquer en partie les difficultés rencontrées par les États européens à mettre en place une coopération efficace.

a. L'intégration Politique selon J.Barréa

La vision du processus d'intégration politique par Jean Barréa illustre de manière globale les défis d'une intégration de ce type. Il divise l'intégration en 3 sous-processus :

• *La Politisation*

Qui correspond au transfert de <u>compétences</u> matérielles des États membres vers le nouveau centre de pouvoir européen. Ce transfert de compétence obéit au principe de subsidiarité : les compétences sont attribuées au niveau de pouvoir qui pourra les exercer le plus efficacement. Cette première phase est la plus simple à réaliser. Il n'y a pas de véritable perte de souveraineté, ou alors sur des secteurs restreints d'un domaine choisis. Il s'agit par exemple de la mise en commun des capacités IMINT en Europe[109]. C'est cette phase de l'intégration politique par rapport à laquelle des avancées doivent être faites au niveau européen. Il peut s'agir d'intégration complète, mais sectorielle ou bien globale, mais graduelle.

• *La Politification*

Correspond à un transfert de <u>pouvoir</u> *'transfert consenti par les diverses sociétés politiques en état d'intégration au bénéfice de la société politique en gestation tant du pouvoir de prendre d'autorité des décisions immédiates (du point de vue de la réception par ses destinataires) que celui de faire exécuter des décisions, au besoin par la force'*.

---

[108] M.Wesseling, Opcit, p.21
[109] Cf infra

En d'autres mots, les lois et normes d'application du nouveau centre de pouvoir sont d'applicabilité directe à l'égard des citoyens et disposent de force exécutoire.

Il y a peu de chance que cette phase extrême d'intégration soit atteinte un jour dans le domaine de la coopération en matière de lutte antiterroriste. En termes européens, cela signifierait une agence/institution unique au niveau européen qui aurait toute puissance sur des États qui se seraient totalement défaits de leurs prérogatives souveraines dans ce domaine. Ce serait l'équivalent de la monnaie unique, de la politique agricole commune, de la politique douanière etc...

• La Socialisation

La socialisation politique des peuples implique ceux-ci dans la formation de la nouvelle communauté politique. Cette socialisation peut être vue sous deux angles : verticale ou horizontale.

- La *socialisation verticale* correspond à la question de légitimité. Elle impose une obéissance des gouvernés aux nouveaux gouvernants.

- La *socialisation horizontale correspond à la* « Question de l'identité ». Nouveau lien créé entre les gouvernés entre eux. Ce nouveau lien entraine la création d'une nouvelle « communauté de sécurité »[110].

Dans ce cas précis et dans l'hypothèse d'une intégration forte, la socialisation verticale ne posera normalement pas de problème concret. Les relations directes entre services institutionnels et populations étant, dans ce cas-ci, relativement réduites. Cependant, les populations mettront un certain temps à s'habituer au fait que leur sécurité, même sur leur territoire, est assurée par un groupement supranational.

Au niveau de la socialisation horizontale, l'intégration des capacités de lutte antiterroriste européennes devrait apporter une plus value à deux niveaux. D'une part, une gestion intégrée de ce risque augmenterait de manière réelle le niveau de sécurité des populations européennes qui devraient s'en rendrait compte. D'autre part, cela entrainerait l'affirmation d'une 'communauté de sécurité' ce qui renforcerait le sentiment d'identité européenne des peuples. Cette observation est à mettre en relation avec la consolidation du 'complexe de sécurité' évoqué dans le premier chapitre.

b. Core Area[111]

La théorie du *Core Area* dans le cadre de la construction européenne dérive d'une théorie plus générale qui traite des unions politiques.

---

[110] Le concept de « coommunauté de sécurité » est instauré par Karl Deutsch qui appelle au milieu des années '50 "Security Community", les citoyens d'une communauté "pluraliste", aux termes d'une relation qui exclut la guerre et vise une coexistence sécurisante caractérisée par un "we feeling".
[111] In C.Franck *"Théorie Politique et Régime de l'Union Européenne EUSL2010»* UCL, 2009-2010

Cette théorie est également utilisée pour expliquer les processus d'union d'intérêt durant la phase d'arrangement politico administratif du cycle de mise en place d'une politique publique.

Cette théorie postule que pour chaque décision à prendre à un niveau intergouvernemental au niveau du processus d'intégration politique, des forces (celle des 'élites') seront plus agissantes que d'autres et vont à elles seules être le groupe pilote, la locomotive qui agira comme leader et poussera à l'accomplissement et à la mise en œuvre de la décision.

Le *Counter Core Area* représente les forces hostiles à l'aboutissement du projet.

Dans le cas de la construction européenne, le *Core Area* peut être vu comme la France et l'Allemagne. On dit que quand Berlin et Paris sont d'accord, l'Europe peut avancer dans son intégration. Le Royaume-Uni représenterait le *Counter Core Area,* souvent considéré comme des europessimistes.

Dans le cadre de l'intégration des capacités européennes de lutte contre le terrorisme, on peut identifier deux sous-groupes distincts qui forment le *Core Area.*

Le premier de ces deux sous-groupes est celui des États directement touchés par la question du terrorisme. La France, l'Espagne et le Royaume-Uni principalement. Ces États, de par leurs tailles et donc leur puissance, s'emploient à sensibiliser les autres États membres à la menace terroriste. Sans pour autant pousser une européanisation en la matière, ils encouragent les autres États à renforcer leurs capacités nationales afin de créer une Europe plus sûre.

Le deuxième sous-groupe que j'ai pu identifier est celui composé des 'petits' États (Belgique, Autriche…). Ces États considèrent que l'Europe doit se prémunir face à une menace terroriste grandissante. Or, leurs capacités de lutte antiterroriste sont relativement réduites comparées à celles de leurs grands voisins. Ces pays vont donc essayer de mutualiser les efforts en la matière en poussant les autres États à européaniser au maximum les moyens de lutte contre le terrorisme.

Ces deux visions pourraient concorder en tous points, ce qui impliquerait alors une intégration rapide. Toutefois, il existe une différence substantielle entre ces deux points de vue.

Le premier sous-groupe ne considère pas que la solution passe par une intégration totale des moyens en la matière. En effet, ces 'grands' pays disposent chacun d'un appareil de lutte contre le terrorisme très abouti comparé à celui des 'petits' pays. Il n'est donc pas dans leur intérêt de partager leurs ressources et capacités avec les 27 pays de l'Union Européenne. Spécialement au vu des obstacles énoncés dans les chapitres précédents.

Ces grands pays favorisent la construction nationale de moyens de lutte appropriés, éventuellement renforcés par un maillage d'accords bilatéraux, voire par la mise en place de groupe de coopération.

Ce point de vue ne rencontre donc pas tout à fait les attentes des petits pays. Cette observation constitue un certain paradoxe, car c'est la combinaison de ces deux tendances, de ces deux groupes, qui constitue le *Core Area* qui poussera à une réflexion européenne sur la question.

Le *Counter Core Area* pourrait dans ce cas-ci être le groupe des pays qui n'ont pas de 'passé terroriste' et qui donc accorde nettement mois d'importance, donc de budget, à la question. Cette assertion est toutefois à nuancer, car depuis les chocs de Madrid et de Londres, il est devenu 'moralement' difficile pour le gouvernement d'un État membre de ne pas s'impliquer du tout dans la lutte contre le terrorisme transnational. Les récents évènements d'Oslo prouvent que la menace revêt un caractère multiforme et qui n'épargne aucun Etat membre.

4 PERSPECTIVES EUROPÉENNES

4.1 DÉVELOPPEMENT À COURT TERME[112]

Les mesures qui devraient être adoptées prochainement par les institutions de l'Union Européenne concernant la lutte contre le terrorisme répondent non seulement à des impératifs d'intégration prévus par des décisions européennes, mais aussi à de nouveaux phénomènes comme l'émergence des 'Lone Wolf' et des 'Foreign Fighters'.

Le concept de 'Lone Wolf' fait référence aux personnes qui se radicalisent via des sources médiatiques (principalement internet) et qui décident, parfois sans même un contact physique avec un leader terroriste, de passer à l'action. Ces individus sont très difficiles à détecter et donc à neutraliser avant qu'ils ne commettent une attaque, car ils sont généralement inconnus des services de police ou de renseignement. Toutefois, le mauvais niveau de préparation et les faibles ressources financières dont ils disposent font que les attaques perpétrées par des 'Lone Wolf' sont de faible qualité. Les attaques d'Oslo de juillet 2011 font néanmoins exception à cette règle.

Les 'Foreign Fighters' sont des jeunes radicalisés dans un pays occidental qui sont envoyés en Djihad dans des pays ou une lutte contre les Occidentaux est en cours. Parfois, le djihadiste revient de son 'déploiement' et constitue une base pour les groupes extrémistes dans un pays occidental.

Ces nouvelles menaces combinées à celles préexistantes ont poussé l'Europe à prendre de nouvelles mesures pour lutter contre le terrorisme. Ces mesures devraient être appliquées prochainement. Une de ces mesures est la mise en place d'un PNR[113] au niveau européen qui serait basé principalement sur les informations transmises par les compagnies aériennes dans le but d'accumuler des informations sur des mouvements éventuellement suspects. Afin de ne pas menacer les libertés individuelles et collectives des citoyens européens, ces mesures intrusives sont palliées par une augmentation importante de la protection des données personnelles collectées.

Une autre mesure a été décidée lors de la présidence belge de 2010. Il s'agit de mettre en place un mécanisme d'information très rapide sur les niveaux d'alerte atteints dans chaque pays membre ainsi que sur les postures, c'est-à-dire les décisions qui sont liées à ce niveau d'alerte. Cette avancée permettra de prendre la température de l'Europe en temps réel en termes de menace liée au terrorisme. Il n'est pas possible d'assurer une harmonisation de l'état de la menace pour les raisons exposées précédemment,[114] mais cet instrument de contrôle rapide des situations des pays voisins permettra d'avoir une vision plus globalisante de la situation européenne en temps réel.

---

[112] Interview de Mr Gilles de Kerchove sur France 24 10 mai 2011 http://www.france24.com/fr/20110507-europe-terrorisme-oussama-ben-laden-etats-unis
[113] Personnal Name Record
[114] Cf point d : Pourquoi l'Europe doit-elle continuer de coopérer dans la lutte contre le terrorisme.

Une dernière évolution retient particulièrement l'attention des services de renseignements et de sécurité européens. Il s'agit de l'augmentation préoccupante des capacités de la franchise d'Al Qaeda au Maghreb Islamique (AQMI). Les accroissements des moyens de financements des différentes Katiba[115] à travers leurs actions de contrebande et de prise d'otages, combinée avec la situation en Libye où des stocks d'armes pourraient avoir été transférés aux djihadistes d'AQMI, représentent des évolutions inquiétantes de la situation.

Sur initiative de Mme Ashton et avec le soutien du coordonnateur européen en matière de lutte contre le terrorisme, Mr de Kerchove, des coopérations jumelées ont été mises en place avec les pays servant de base d'opérations à ces groupes. Ces coopérations sont axées sur une réforme du secteur de la sécurité, et relativement semblables aux mécanismes qui ont été mis en place au lendemain de la chute du mur de Berlin avec les ex-satellites de l'Union Soviétique. Concrètement, cette aide est apportée par des pays membres, via l'accord du ministre des Affaires étrangères, et consiste en des aides au développement couplées à la mise en place d'un dispositif plus 'musclé' pour combattre AQMI. Ce dispositif est intégré dans les structures locales, il n'est donc pas exclusivement géré par des forces européennes[116].

4.2   L'ILLUSION DE LA CEIA

Certains auteurs présupposent que l'émergence plus ou moins rapide d'une structure totalement intégrée aux compétences élargies est inéluctable.

J. Rüter[117] conclut son ouvrage en énonçant les raisons qui imposent, selon elle, la mise en place rapide d'un organe commun de renseignement au niveau européen.

Le processus de création de cette 'Central European Intelligence Agency' aurait débuté avec la création puis le renforcement des compétences et des statuts du SitCen. Cette agence devrait être sous le contrôle du SG/HR. D'après l'auteur, les opinions publiques et politiques représenteront un rôle important sur la vitesse d'intégration de cette agence commune qui sera favorisée par des actes terroristes sur le sol européen ce qui augmentera le ressentiment de l'opinion publique qui réclamera des mesures fortes dans ce domaine. L'auteur se rattache donc ici à la vision belge et autrichienne de 2004 qui exhortait les autres États membres à la création d'une CEIA afin de se prémunir plus efficacement contre le terrorisme. Enfin, J. Rüter pose qu'une agence de renseignement européen est le seul et unique corollaire possible à politique extérieure et de sécurité commune.

Cette vision des choses est partagée par plusieurs chercheurs outre-Atlantique. Celle de John M. Nomikos[118] rejoint globalement l'idée de Rüter.

---

[115] Sous groupe d'AQMI. Étymologiquement, nom donné à une compagnie légère de l'Armée de Libération Nationale algérienne, de l'ordre d'une centaine de combattants, voire d'une section d'une trentaine d'hommes
[116] Interview de Mr G. de Kerchove, opcit.
[117] J.Rüter, opcit p.60

Il considère que l'EUIS, pour European Union Intelligence Service, doit se construire exactement sur le même modèle que celui qu'a suivi la CIA lors de sa création. Nomikos insiste sur le fait que l'institution devra être tout à fait indépendante et devra reporter directement à la Commission. Cette EUIS serait également responsable de transmettre toute information valable au conseil des ministres de l'UE.

Ces deux documents, écrits en 2005 et affichant un certain volontarisme[119], ne recevront pourtant jamais aucun écho concret. Si théoriquement l'intégration globale semble être la meilleure solution, il convient néanmoins de ne pas céder au chant des sirènes du 'service de renseignement unifié européen »[120]. Les mécanismes ayant empêché la réalisation de cette illusion de l'intégration complète sont expliqués par J.I.Walsh qui propose une approche différente.

4.3   APPROCHE DE J.I.WALSH

Dans son ouvrage « The International politics of intelligence sharing » James I. Walsh consacre un chapitre à la situation européenne. Après avoir rappelé une partie des obstacles et les incitants qui ont été vus dans les parties précédentes, le postulat concernant la coopération en Europe sera basé sur ses postulats de base exposés dans l'approche théorique de la première partie de ce travail.

L'auteur considère que l'espace européen, bien que correctement intégré du point de vue économique, représente trop de risque de 'défection', le type de mécanisme de coopération qu'il convient d'appliquer ici se doit d'être hiérarchique. L'avantage d'un système hiérarchisé est qu'il contrôle suffisamment les États parties que pour diminuer les risques de 'défection'. Dans ce cas de figure, les risques se situent à un double niveau. Il existe un risque que tous les partenaires ne coopèrent pas de manière égale et donc n'échangent pas tous leurs renseignements. L'autre danger est que la sécurité de l'information ne soit pas assurée par le destinataire de ce renseignement. Comme cela a été évoqué précédemment, les conséquences peuvent être dramatiques en cas de fuite de ce type d'information.

L'intégration complète selon un modèle 'communautaire' constituerait une structure hiérarchique suffisamment importante pour prévenir ces 'défections'.

Concrètement, comment pourrait se dérouler une intégration européenne dans ce domaine ? Comme toute intégration, l'essence de ce procédé réside dans un phénomène de transfert de compétence d'un État souverain à une organisation supra étatique. Cela permettra à l'UE de mettre en place des politiques publiques dans l'intérêt d'une majorité des États membres.

---

[118] J.M.Nomikos, opcit, p.199
[119] Rüter écrira " The question is rather about the *when* not about *if* it will be created" et Nomikos "With little doubts the EU should establish the proposed EUIS, particularly because the international order has changed dramatically in the last few years and has not made the world more stable"
[120] R.Mathieu, opcit, p.82

L'auteur présente un modèle d'intégration en trois étapes dont le but final serait la création d'une agence européenne de lutte antiterroriste préexistante, mais à un stade embryonnaire.

La première étape consisterait à obliger les États membres à partager les informations ayant un rapport avec la lutte contre le terrorisme au lieu de laisser cette décision à la discrétion des services nationaux. Cette mesure assurerait un accès aux renseignements importants pour tous les États membres.

La seconde étape impliquerait un transfert de compétences et de ressources financières à cette agence européenne. Le but de cette acquisition de moyen serait de contrôler efficacement les actions des États membres. Principalement au niveau de la sécurité et le suivi des renseignements échangés. Cette mesure rassurerait les fournisseurs de renseignement quant au respect des engagements de sécurité.

La troisième et dernière étape serait la création d'une agence fonctionnelle avec des capacités d'analyse de l'information collectée par les services étatiques. L'agence UE traiterait donc toutes les données émanant des services et les rendraient utilisables pour l'ensemble des États membres. Il y a deux évolutions possibles à ce stade. Soit, une véritable agence européenne voit le jour. Comme une espèce de CIA européenne elle serait opérationnelle tant sur la collecte que pour l'analyse et la diffusion des renseignements et remplacerait tout bonnement les services nationaux qui s'atrophieraient jusqu'à un stade de veille minimum. Ce modèle a été défendu par certains petits pays, Autriche et Belgique en tête. Soit l'agence UE contrôle les ressources et possède la direction des opérations de collecte. La collecte serait toujours effectuée par les services étatiques, mais les doublons entre différents pays seraient réduits et l'utilisation de ces ressources optimisées sous le contrôle de l'UE. Une dynamique de spécialisation sectorielle nationale serait engagée par les décideurs européens.

Toutefois, il semble que cette vision relève actuellement de l'utopie. Les trop nombreux obstacles exposés dans les chapitres précédents rendent cette perspective d'intégration complète très peu probable. De plus, comme cela a été évoqué plus haut, une réforme de cette ampleur nécessite forcément un puissant Core area. Or dans ce domaine précis, les seuls pays[121] ayant les capacités financières et techniques pour supporter cette réforme sont précisément les plus farouches détracteurs de ces volontés intégrationnistes.

Cet état de fait, combiné aux obstacles exposés précédemment représente, un défi quasiment insurmontable, la solution viendrait donc d'une coopération à plusieurs vitesses dans l'UE[122].

---

[121] France, Allemagne et Royaume-Uni
[122] 'Multispeed Cooperation in the European Union"

Ce procédé consistant à progresser dans le processus d'intégration avec un groupe d'États ne représentant qu'une partie de l'UE a déjà été réalisé et pourrait être une solution à l'amélioration de la coopération européenne en matière de lutte anti terroriste. Le concept avancé par l'auteur serait de mettre en œuvre une base de données européenne réservée aux États membres se pliant aux règles de son utilisation. Cette base de données rassemblerait toutes les informations envoyées par les membres sous forme de description. Cette description de l'information devrait être assez spécifique afin de permettre au membre effectuant une recherche d'estimer l'utilité potentielle de cette donnée, mais ne contiendrait aucune information directement utilisable par les autres membres. Cette technique de recherche par mots-clés permettrait ensuite à l'État demandeur de l'information de requérir l'autorisation d'utilisation de cette donnée à l'État dont elle est issue. Ce dernier autoriserait, avec ou sans condition, ou n'autoriserait pas la transmission de l'information visée à l'État demandeur. Ce système devrait être très réactif au vu des enjeux.

Les avantages par rapport au système actuel du SitCen ou d'Europol seraient :

→ Une base de données plus large
→ Une réactivité accrue
→ Si les échanges se passent bien, un accroissement du niveau de confiance entre les Etats qui pourraient conclure entre eux à des accords bilatéraux de coopération.

Un autre avantage important de cette approche à plusieurs vitesses est qu'elle permet d'éviter les problèmes liés aux relations privilégiées[123].

4.4   APPROCHE SECTORIELLE

T. Coosemans[124] expose les différentes possibilités d'accroissement de la collaboration au niveau sectoriel. Il reprend ici les perspectives classifiées selon les moyens de collecte du renseignement exposant par ce biais les améliorations potentielles résultantes de l'emploi d'une approche différenciée.

4.4.1   OSINT

Les perspectives européennes d'amélioration de la coopération en matière d'OSINT sont reprises à A.Politi. Celui-ci considère ce secteur comme étant une bonne base de travail à l'amélioration de la coopération. L'intégration au niveau européen des capacités de collecte et d'analyse de l'OSINT permettrait de créer des plateformes de travail communes ce qui permettrait d'intensifier la confiance mutuelle. Selon l'auteur : *'Une approche coordonnée de l'OSINT au niveau européen n'empêcherait nullement de disposer d'une information 'à la carte', mais contribuerait à économiser du temps et de l'argent'.*

---

[123] Cf chapitre Obstacle auxquels l'Europe doit faire face. Problématique des relations privilégiées
[124] T.Coosemans, opcit.

De plus, les données visées par l'OSINT sont *de facto* considérées comme moins confidentielles que les renseignements issus d'autres moyens de collecte ce qui diminuerait les obstacles de sécurité et donc de confiance mutuelle.

4.4.2 HUMINT

Les capacités de renseignements humains sont tout à fait spécifiques à chaque pays et sont donc jalousement gardées par les États. Ce constat implique que le domaine de l'HUMINT sera celui où les perspectives européennes en termes de coopération sont les moins bonnes. Cependant, certaines mesures concrètes pourraient être prises par l'Union Européenne afin de rationaliser les pratiques dans ce domaine. Il est en effet possible d'harmoniser certaines règles relatives au recrutement des sources par exemple celles relatives à la rétribution, à la nature et à l'ampleur des 'services rendus', à la prise en considération légale/éthique du problème posé par les passés éventuellement criminels de certaines sources...

4.4.3 SIGINT

Les capacités d'interception de signal requièrent des investissements importants en matériel hautement technologique ainsi que des centres spécialisés de recherche et développement en la matière. Cet état de fait implique une grande différence de capacité entre les États membres. Une approche coordonnée, voire un véritable 'pooling' de ces efforts au niveau européens représenteraient des économies d'échelles importantes ainsi que des possibilités de transferts technologiques entre États. Si l'état de la coopération européenne en la matière n'est pas très avancé, il pourrait s'améliorer rapidement suite à une volonté commune et pourrait se baser sur l'organisation du SatCen. Cependant, l'émergence d'une véritable coopération en SIGINT soulèvera inévitablement des obstacles juridiques. En effet, les États membres ne possèdent pas les mêmes législations concernant les interceptions de signal.

À ces deux exemples de coopérations sectorielles pourrait être ajouté celui d'imagerie satellite qui est considérée comme l'un des moyens de collecte de renseignement le plus intégré dans la sphère européenne à travers le Centre Satellitaire de l'UE. Néanmoins, si les moyens de détection satellitaires sont primordiaux pour l'acquisition de renseignements stratégiques ou tactiques au niveau militaire, ils ne sont que d'une aide relative en ce qui concerne la lutte contre le terrorisme.

Ces intégrations sectorielles pourraient aboutir à une dynamique d'intégration du bas vers le haut. L'école du (néo) fonctionnalisme est une théorie européenne qui pourrait être appliquée dans ce cas. Le néo-fonctionnalisme est une approche qui s'inscrit dans le courant de l'école libérale des relations internationales.

Le néo-fonctionnalisme, développé à la fin des années 1950 par Ernst Haas (1958), élargi et théorisé par Leon Lindberg et Stuart Scheingold (Lindberg, 1963 ; Lindberg et Scheingold, 1970), avance l'hypothèse centrale selon laquelle l'intégration européenne est un processus déterminant dans lequel 'une action précise, liée à un objectif donné, crée une situation dans laquelle l'objectif initial ne peut être assuré qu'en mettant en œuvre des actions supplémentaires, qui sont successivement des conditions futures et une nécessité pour d'autres actions'[125]. Concrètement, les thèses avancées par les néo-fonctionnalistes suggèrent que lors d'un processus d'intégration, certains acteurs déclenchent un phénomène d'effet d'engrenage (appelé effet 'Spill Over'). Cet effet d'engrenage entraine la mise en place de l'intégration dans le domaine visé par un effet d'entrainement s'appliquant aux secteurs voisins. Il est admis par les néo-fonctionnalistes que les acteurs non étatiques favorisent le déclenchement de cet effet d'engrenage.

Bien que les sous-entités de coopération[126] européennes soient pour certaines intimement dépendantes du niveau étatique, elles se caractérisent par des avancées sectorielles importantes qui pourraient entrainer un effet d'engrenage plus ou moins rapide dans les secteurs adjacents. Cette assertion se vérifiera d'autant plus dans le cas d'une agence purement européenne dont la volonté sera de renforcer ses compétences et son champ d'action ce qui accélèrera le processus. La finalité, selon les théoriciens néo-fonctionnalistes, est d'arriver à inscrire dans l'opinion des acteurs du secteur visé que les enceintes supra nationales auront la capacité de formuler des solutions plus précises et plus efficaces aux problèmes spécifiquement liés au secteur visé. Les néo-fonctionnalistes considèrent donc que : *'l'intégration européenne doit conduire à une reformulation et à une reconstruction des intérêts sociaux et sectoriels des acteurs les plus touchés par les politiques européennes. Cette mutation des intérêts conduirait à son tour à la formation d'une représentation transnationale des intérêts, qui en retour affecterait les allégeances et les identités de ces acteurs, et probablement leur représentation politique. À terme, le processus d'intégration européenne conduirait donc à l'émergence d'une identité européenne'.*[127]

L'apparition de ce phénomène dans les agences sécuritaires européennes pourrait, même si la théorie ne traite normalement que des questions relatives à la sphère économique et sociale, représenter un incitant à créer de petites agences spécialisées au niveau européen dans l'espoir d'un effet 'Spill over'.

---

[125] Saurruger, S., « *Analyser les modes de représentations des intérêts dans l'Union Européenne : Construction d'une problématique* » Centre d'étude et de recherche internationale, Sciences Po, Questions de recherche, N°6, juin 2002
[126] Club de Berne, SitCen, Europol…
[127] E.Grossman et S.Saurruger *'Etudier les groupes d'intérêts en Europe'* L'Harmattan/Politique Européenne, Cairn info, 2002/3, n°7, http://www.cairn.info/revue-politique-europeenne-2002-3-page-5.htm

5 Conclusion

Les raisons et autres incitants à la coopération sont suffisamment nombreux pour convaincre l'entièreté des États membres de l'amélioration théorique qui résulterait de la mutualisation des capacités de lutte contre le terrorisme. De plus, ce serait la suite logique des précédentes intégrations. La politique extérieure européenne qui s'intègre de façon croissant, comme l'atteste la création récente de l'EEAS, implique que les États membres feront face à une menace interne comme externe qui tendra à être de même nature. La mise en place des différentes agences comme le SitCen et Europol reflète cette volonté de travailler conjointement. Les nouvelles menaces comme les 'foreign fighters' ou les 'lone wolves' sont en augmentation, comme cela nous a été rappelé par les attentats d'Oslo du 22 juillet 2011.

Cependant, la voie vers une coopération efficace et complète requiert, entre autres, une confiance importante entre les acteurs. Des différents obstacles exposés dans ce travail, les risques liés à la défection de certains États membres sont les plus fréquemment avancés par les États se refusant à construire un appareil opérationnel intégré de lutte contre le terrorisme. Ces risques, principalement liés à des brèches dans la sécurité de certains pays, reflètent de manière concrète la dialectique élargissement-approfondissement[128] au niveau européen. Dans ce cas, la proposition suggérant que l'élargissement fait obstacle à l'approfondissement ne semble pas être contrebalancée.

L'intégration des capacités de lutte contre le terrorisme au niveau européen reste inachevée à ce stade. La relation petits États vs grands États est un des principaux obstacles qui entravent la voie des améliorations en termes de coopération. Comme cela a été vu dans les chapitres précédents, la dimension hautement souveraine des secteurs visés ainsi que le leadership européen détenu par les grands pays expliquent le comportement récalcitrant de certains grands États. À cet égard, les théories d'A. Moravcsik connues comme 'Institutional Intergovernementalism' fournissent un éclaircissement quant aux conséquences du blocage imposé par les grands États européens.

Ces différentes dynamiques poussent à penser que seules les solutions dites 'à plusieurs vitesses' permettront de progresser vers un appareil européen intégré. Les constructions graduelles proposées par Walsh peuvent apporter des solutions intéressantes.

Mais finalement, ce débat de savoir quel cadre théorique utiliser est-il réellement si important ? Il serait peut-être préférable d'avancer sur les points représentant les menaces les plus importantes et, finalement, de créer un appareil *ad hoc*. La vision européenne peut être comprise de cette façon. En travaillant dans le cadre d'une stratégie globale combinée à des mécanismes sectoriels intégrés à des niveaux divers, l'Europe se permet de progresser lentement mais sûrement vers un mécanisme global pour aborder cette menace.

---

[128] T. De Wilde Cours d'Institution et Politique Européennes POLS1323 2008-2009, Université Catholique de Louvain, Faculté des sciences politiques, économiques et sociales

Ce principe a l'avantage d'être modulable et réactif. Si l'impératif de réactivité est aisément compréhensible, la nécessité de flexibilité réside dans la nature même de la menace terroriste. En effet, les moyens employés par ces groupes subissent des modifications régulières et inscrire un hypothétique service européen dans une voie bureaucratique et caractérisé par un 'sillon de dépendance' semble être une réponse particulièrement inadaptée. Ce concept issu des théories européennes caractérise le fait que des décisions d'intégration institutionnelle sont relativement irréversibles, peu malléables et peuvent avoir des effets inattendus.

Afin que la continuité de cette tendance à l'intégration sectorielle et ad hoc soit assurée, il est essentiel de modifier les visions nationales de la sécurisation de l'espace européen contre des attaques terroristes. Il semble qu'il soit encore nécessaire de convaincre certains pays de la nécessité d'une action collective, européenne pour endiguer cette menace. Or, comme l'illustre assez bien la nouvelle stratégie[129] britannique de lutte contre le terrorisme, dans laquelle aucune référence aux institutions/agences européennes ne peut être rencontrée, cette nécessité n'est pas encore suffisamment ancrée dans les esprits de certains pays.

S'il reste du chemin à parcourir, les récentes avancées montrent un regain d'intérêt européen pour la problématique. Espérons seulement que ces instruments, quelques soient leurs stades d'avancement, soient suffisamment efficaces que pour prémunir les populations européennes de toute menace terroriste.

---

[129] CONTEST, The United Kingdom's strategy for countering terrorism, secretary of states for the home department, July 2011. http://www.homeoffice.gov.uk/publications/counter-terrorism/counter-terrorism-strategy/.

Bibliographies

MONOGRAPHIES

BAUD, J., « *Le renseignement et la lutte contre le terrorisme, stratégies et perspectives internationales* » Lavauzelle, coll. « Renseignement, Histoire et géopolitique », 2005, 413 p.

Dorril, S., *"MI6: Inside the covert world of her Majesty's Secret Intelligence Services"* New-York, The free Press, 2000. p.56.

Gayraud, J-F & Sénat, D., « *Le Terrorisme* » Paris presse universitaire de France, Que sais-je, N°1768 2002 p.61

Mathieu R. *'La lutte contre les terrorismes, Domaine de coopération au sein et entre les organisations sécuritaires en Europe ?'* Centre d'étude de Défense, Sécurité et Stratégie, N°89, Mai 2005, 146p.

Richelson, J-T., *'The calcullus of Intelligence Cooperation'* p.316 ; B.Woodward, *"Veil : The secret war of the CIA, 1981-1987"* New York, Simon & Schuster, 1987

Walsh, James I., *"The International Politics of Intelligence Sharing"* New-York, Columbia University Press, 2010, 208pp

DOCUMENTS OFFICIELS

Organisation du Traité de l'Atlantique Nord, Agence OTAN de Normalisation (AON), AAP-006 (2010), http://www.nato.int/docu/stanag/aap006/aap-6-2010.pdf

Comité permanent de contrôle des services de renseignement belge, Rapport d'activité, 1997.

CONTEST, The United Kingdom's strategy for countering terrorism, secretary of states for the home department, July 2011. http://www.homeoffice.gov.uk/publications/counter-terrorism/counter-terrorism-strategy/.

Joint congressionnal inquiry into the September 11 attacks, « Testimony of Lt-Gen M.V. Hayden » 17.10.2001

Rapport de la commission parlementaire d'enquête sur les attentats du 11 septembre. Traduction disponible dans Le Monde du 26 juillet 2003.

Assemblée de l'UEO, « *Renseignement européen : les nouveaux défis-Réponse au rapport annuel du conseil* », rapport présenté au nom de la commission de défense par M.Lemoine, Document A/1775, 4 juin 2002, 48eme session.

Security Intelligence Review Comittee (SIRC) *"Report 2000-2001: An operational audit of the Canadian Security Intelligence Service"* Ottawa: public works and government services Canada, 2002. P.19

Livre blanc sur la défense et la sécurité nationale, La documentation Française, chap 8

Décision cadre du 13 juin 2002 établissant également une harmonisation des sanctions et un régime judiciaire spécifique aux activités terroristes.

The European Union Counter Terrorism Strategy, 14469/4/05/REV4
http://register.consilium.eu.int/pdf/en/05/st14/st14469-re04.en05.pdf

Communication de la Commission au Parlement européen et au Conseil du 20 juillet 2010 — La politique antiterroriste de l'UE : principales réalisations et défis à venir [COM(2010) 386 final – non publiée au Journal officiel].

http://europa.eu/legislation_summaries/justice_freedom_security/fight_against_terrorism/j l0041_fr.htm

Le programme de Stockholm établit les priorités de l'Union européenne (UE) dans le domaine de la justice, de la liberté et de la sécurité pour la période 2010-2014.
http://europa.eu/legislation_summaries/justice_freedom_security/fight_against_terrorism/jl00 34_fr.htm

Simplification de l'échange d'informations entre les services répressifs, décision-cadre 2006-960-JAI du Conseil, 18-12-2006
http://europa.eu/legislation_summaries/justice_freedom_security/police_customs_cooperatio n/l14581_fr.htm

European Counter Terrorism meeting, news room of MI5, 2009,
https://www.mi5.gov.uk/output/news/european-counter-terrorism-meeting.html

Département fédéral de justice et de police, Office fédéral de police *'Réunion du Club de Berne en Suisse'*, Communiqués aux médias 2004, 28/04/2004
http://www.ejpd.admin.ch/ejpd/fr/home/dokumentation/mi/2004/ref_2004-04-28.html

ARTICLES SCIENTIFIQUES

Bakker, E., *"Differences in terrorist threat perceptions in Europe"* dans : Dieter Mahncke and Jorg Monar (eds.), *International terrorism. A European response to a global threat?* , College of Europe Studies, n°3, pp. 47-62.

Bugajski, J., *« Russian interests in the new eastern europe »* D.W. Treadgold paper presentation at the Henry M.Jackson school of International studies, University of Washington, 2002, p.8

www.csis.org/ee/Presentations/Bugajski020429.pdf

Cloutier, P., « *Renseignement et sécurité dans l'âge de l'information : les défis du Québec* », Centre de recherche sur la sécurité et le renseignement.

Coosemans, T., « *L'Union Européenne et le renseignement, perspective de coopération entre les Etats membres*» Rapport du GRIP 2004/3, 54p.

Debat, A., « *Voyage au cœur du renseignement américain* », in Politique Internationale, n° 95 printemps 2002

Grant, C., *"Intimate relations-Can Britain play a leading role in European defence-and keep its special links to US intelligence"* Working paper of the center for European reform, London, 2000 p.1

Grossman, E. & Saurruger, S., «*Etudier les groupes d'intérêts en Europe* » L'Harmattan/Politique Européenne, Cairn info, 2002/3, n°7, http://www.cairn.info/revue-politique-europeenne-2002-3-page-5.htm

Lavaux, S., « *Terrorisme, la stratégie de l'Union Européenne en matière de radicalisation et de recrutement* » Vigiles, Revue du croit de police, 2007/3, pp82-91

Lefebvre, S., *"The difficulties and dilemmas of international intelligence cooperation"* International Journal of Intelligence and Counterintelligence, 16:4, p.531

Macleod, A., « *Les approches critiques de la sécurité* », Cultures & Conflits Approches critiques de la sécurité, mis en ligne le 08 janvier 2010. http://conflits.revues.org/index1525.html

Nomikos, J.M., *"A European Union Intelligence Service for Confronting Terrorism"* International journal of intelligence and counterintelligence, 2005, 18:2, 191-203

Politi, A., *"Why is a european intelligence policy necessary?"* Chaillot paper, N°34, Dec 1998, WEU-Institute for security studies, Paris, pp 5-6

Re, R. & Eichensehr, K., *" A conversation with Bob Graham searching for answers : U.S intelligence after September 11"* Harvard International Review, vol XXIV, n°3, Fall 2002, p.40

Seaborn, B., « *Renseignement et politiques : constantes et évolutions* » in Commentaire n° 45, publication du Service Canadien de Renseignement et de Sécurité, juin 1994, www.fsa.ulaval.ca/personnel/vernag

Walsh, James I., *"Intelligence sharing in the European Union: Institutions are not enough"* JCMS, 2006 Vol 44, N°3 pp 625-643

Weisseling, M., « *La coordination des politiques antiterroristes européennes : Mission impossible ?* » EIPASCOPE 2007/1. Pp. 19-23

Weyembergh, A., in *« Le droit international face au terrorisme »* Paris, Pedone, 2002

PRESSE

EU diplomats to benefit from new intelligence hub, euobserverver.com, mis en ligne le 22/02/2010 http://euobserver.com/9/29519

P. Tyler 'EU aides reject a CIA for Europe' International Herald Tribune 20 mars 2004

Interview de Mr Gilles de Kerchove sur France 24 10 mai 2011 http://www.france24.com/fr/20110507-europe-terrorisme-oussama-ben-laden-etats-unis

DOCUMENTS UNIVERSITAIRES

Delcourt, B., *« Cours sur les Théories de la sécurité »* Université Libre de Bruxelles, Année académique 2006-2007.
http://www.ulb.ac.be/students/bespo/documents/Cours/THEORIES_DE_LA%20SECURITE_pdf.pdf

De Wilde, T., *« Institution et Politique Européennes »* (POLS1323) 2008-2009, Université Catholique de Louvain, Faculté des sciences politiques, économiques et sociales

Franck, C., *« Théories politiques et Régimes de l'Union Européenne »* (EUSL 2010), 2009-2010, Université Catholique de Louvain, Faculté des sciences politiques, économiques et sociales.

Rüter, J., « European External Intelligence Co-operation, Structures, Problems, Implications and Perspective » Thèse de doctorat, Université d'Hambourg mars 2005.

Saurruger, S., *« Analyser les modes de représentations des intérêts dans l'Union Européenne : Construction d'une problématique »* Centre d'étude et de recherche internationale, Sciences Po, Questions de recherche, N°6, juin 2002

Walden, A. *« Le renseignement humain face au développement des nouvelles technologies »,* Mémoire de DEA, Droit mention « Défense nationale et sécurité européenne », Université des sciences juridiques, politiques et sociales de Lille III, Année universitaire 1999-2000

ENTRETIENS

Notes d'entretien avec un directeur de la DCRI et un directeur de l'UCLAT)

Note d'entretien avec un ancien directeur du renseignement à la DGSE, ancien directeur des Renseignements généraux.

Note d'entretien avec un ancien directeur de la DST et un directeur de l'antiterrorisme à la DCRI.

Mots Clefs

Renseignements – Terrorisme – Coopération Européenne – Intégration Sécuritaire – Politique de Sécurité et de Défense Commune

Abstract

Ce travail traite de la coopération entre les services de renseignements en matière de lutte antiterroriste. La première partie aborde les définitions générales du renseignement ainsi que les obstacles et incitants théoriques à la coopération. Les évolutions du renseignement et des études de sécurité sont également abordées. La seconde partie étudie le système européen. Une définition contextuelle introduira cette partie qui traitera ensuite des obstacles et incitants propre à la sphère européenne. Une analyse des agences et autres groupes de coopération européens viendra compléter cette partie descriptive. Un point plus analytique sera fait sur les évolutions potentielles et les perspectives européennes en termes de lutte contre le terrorisme. L'accent sera mis sur les récents développements européens et sur l'émergence de nouvelles menaces.

www.ingramcontent.com/pod-product-compliance
Lightning Source LLC
Chambersburg PA
CBHW020358270326
41926CB00007B/497